自我革命

中国共产党最鲜明的品格

张荣臣 郑超华◎编著

中国出版集团 中国民主法制出版社 | 全国百佳图书出版单位

图书在版编目（CIP）数据

自我革命：中国共产党最鲜明的品格 / 张荣臣, 郑超华编著. — 北京：中国民主法制出版社, 2023.4

ISBN 978-7-5162-3172-2

Ⅰ. ①自… Ⅱ. ①张… ②郑… Ⅲ. ①中国共产党—党的建设—研究 Ⅳ. ①D26

中国国家版本馆CIP数据核字（2023）第069038号

图书出品人：刘海涛
出 版 统 筹：石　松
责 任 编 辑：张佳彬　高文鹏　刘险涛

书　　名/ 自我革命：中国共产党最鲜明的品格
作　　者/ 张荣臣　郑超华　编著

出版·发行/中国民主法制出版社
地址/北京市丰台区右安门外玉林里7号（100069）
电话/（010）63055259（总编室）　63058068　63057714（营销中心）
传真/（010）63055259
http：// www.npcpub.com
E-mail：mzfz@npcpub.com
经销/新华书店
开本/16开　690mm × 980mm
印张/14　**字数**/175千字
版本/2023年5月第1版　2024年4月第3次印刷
印刷/北京文昌阁彩色印刷有限责任公司

书号/ISBN 978-7-5162-3172-2
定价/45.00元

前言

习近平总书记在党的二十大报告中强调，全党必须牢记，全面从严治党永远在路上，党的自我革命永远在路上，决不能有松劲歇脚、疲劳厌战的情绪，必须持之以恒推进全面从严治党，深入推进新时代党的建设新的伟大工程，以党的自我革命引领社会革命。

党的二十大胜利闭幕后，2022 年 10 月 23 日，习近平总书记在二十届中共中央政治局常委同中外记者见面时的讲话中再次强调，新征程上，我们要始终推进党的自我革命。一个饱经沧桑而初心不改的党，才能基业常青；一个铸就辉煌仍勇于自我革命的党，才能无坚不摧。百年栉风沐雨、淬火成钢，特别是新时代十年革命性锻造，中国共产党更加坚强有力、更加充满活力。面对新征程上的新挑战新考验，我们必须高度警省，永远保持赶考的清醒和谨慎，驰而不息推进全面从严治党，使百年大党在自我革命中不断焕发蓬勃生机，始终成为中国人民最可靠、最坚强的主心骨。

党的二十大闭幕不到一周，2022 年 10 月 27 日，习近平总书记带领中共中央政治局常委专程从北京前往陕西延安，瞻仰延安革命纪念地，重温革命战争时期党中央在延安的峥嵘岁月，缅怀老一辈革命家的丰功伟绩，宣示新一届中央领导集体赓续红色血脉、传承奋斗精神，在新的赶考之路上向历史和人民交出新的优异答卷的坚定信念。习近平总书记来到毛泽东等老一辈革命家旧居，著名的“窑洞对”就是在这里进行的。“窑洞对”的要义，是回答如何跳出治乱兴衰历史周期率、避免人亡政息、确保政权长期存在的问题。在“窑洞对”中，毛泽东给出了第一个答案，这就是让人民监督政府。党的十八大以来，以习近平同志为核心的党中央在全面从严治党的实践中给出了第二个答案，这就是党的自我革命。

走进延安革命纪念馆，习近平总书记在“延安时期的十个没有”展板前驻足，他触景生情，深入思考“窑洞对”提出的历史之问：“当年毛泽东同志等老一辈革命家在延安，住窑洞、吃粗粮、穿布衣，用‘延安作风’打败了‘西安作风’。全党同志要把老一辈革命家和共产党人留下的光荣传统和优良作风传承好发扬好，勇于推进党的自我革命，坚定不移推进全面从严治党，始终保持党的先进性和纯洁性，确保党始终成为中国特色社会主义事业的坚强领导核心。”

自我革命，是在以习近平同志为核心的党中央坚强领导下，总结党的百年奋斗历史经验，特别是总结党的十八大以来新的实践经验所得出来的重大理论，是对马克思主义建党学说的继承、发展和创新，是习近平新时代中国特色社会主义思想的原创性贡献之一。自我革命理论从提出的那一刻起，就鲜明烙印着以习近平同志为核心的党中央，坚定不移推进全面从严治党、夺取新时代中国特色社会主义伟大胜利的坚强信念、坚定决心和坚韧毅力。习近平总书记指出，勇于自我革命，是我们党最鲜明的品格，也是我们党最大的优势。百年风霜雪雨、百年大浪淘沙，我们党能够从最初的 50 多名党员发展到今天的 9600 多万名党员，战胜一个又一个困难，取得一个又一个胜利，关键在于我们始终坚持党要管党、全面从严治党不放松，在推动社会革命的同时进行彻底的自我革命。

自我革命理论的最初表现形式之一，就是习近平总书记在十八届中共中央政治局常委同中外记者见面时的讲话中所强调的“打铁还需自身硬”。习近平总书记指出，新形势下，我们党面临着许多严峻挑战，党内存在着许多亟待解决的问题。尤其是一些党员干部中发生的贪污腐败、脱离群众、形式主义、官僚主义等问题，必须下大气力解决。全党必须警醒起来。打铁还需自身硬。我们的责任，就是同全党同志一道，坚持党要管党、从严治党，切实解决自身存在的突出问题，切实改进工作作风，密切联系群众，使我们党始终成为中国特色社会主义事业的坚强领导核心。正是得益于“打铁还需自身硬”“打铁必须自身硬”，党的十八大之后，党中央作出全面从严治党的战略部署，以坚定决心、顽强意志加以推进，团结带领全党开创了党的建设新局面，为党和国家事业取得历史性成就、发生历史性变革提供了坚强政治保证。此后，自我革命理论的呈现与演进，还以不断提高“自我净化、自我完善、自我革新、自我提高”能力、驰而不息推进作风建设、严明党的政治纪律和政治规矩、深入推进反腐败斗争等形式表现出来。可以说，全面从严治党是新时代党的自我革命的伟大实践，开辟了百年大党自我革命的新境界，而自我革命理论则是新时代全面从严治党的理论表达和规律总结。

正基于此，党的十九届六中全会通过的《中共中央关于党的百年奋斗重大成就和历史经验的决议》，把“坚持自我革命”纳入中国共产党百年奋斗历史经验“十个坚持”之中，并强调“十个坚持”是经过长期实践积累的宝贵经验，是党和人民共同创造的精神财富，必须倍加珍惜、长期坚持，并在新时代实践中不断丰富和发展。这个决议强调，勇于自我革命是中国共产党区别于其他政党的显著标志。自我革命精神是党永葆青春活力的强大支撑。先进的马克思主义政党不是天生的，而是在不断自我革命中淬炼而成的。党历经百年沧桑更加充满活力，其奥秘就在于始终坚持真理、修正错误。党的伟大不在于不犯错误，而在于从不讳疾忌医，积极开展批评和自我批评，敢于直面问题，勇于自我革命。只要我们不断清除一切损害党的先进性和纯洁性的因素，不断清除一切侵蚀党的健康肌体的病毒，就一定能够确保党不变质、不变色、不变味，确保党在新时代坚持和发展中国特色社会主义的历史进程中始终成为坚强领导核心。

新时期以来，改革开放和社会主义现代化建设取得巨大成就，党的建设新的伟大工程取得显著成效，为我们继续前进奠定了坚实基础、创造了良好条件、提供了重要保障，同时一系列长期积累及新出现的突出矛盾和问题亟待解决。比如在党的领导和党的建设方面，党内存在不少对坚持党的领导认识模糊、行动乏力问题，存在不少落实党的领导弱化、虚化、淡化问题，有些党员、干部政治信仰发生动摇，一些地方和部门形式主义、官僚主义、享乐主义和奢靡之风屡禁不止，特权思想和特权现象较为严重，一些贪腐问题触目惊心，等等。面对这些影响党长期执政、国家长治久安、人民幸福安康的突出矛盾和问题，以习近平同志为核心的党中央审时度势、果敢抉择，锐意进取、攻坚克难，团结带领全党全军全国各族人民撸起袖子加油干、风雨无阻向前行，义无反顾进行具有许多新的历史特点的伟大斗争。

新时代十年，是极不寻常、极不平凡的十年。十年磨一剑。这十年来，我们全面加强党的领导，明确中国特色社会主义最本质的特征是中国共产党领导，中国特色社会主义制度的最大优势是中国共产党领导，中国共产党是最高政治领导力量，坚持党中央集中统一领导是最高政治原则，系统完善党的领导制度体系，全党增强“四个意识”，自觉在思想上政治上行动上同党中央保持高度一致，不断提高政治判断力、政治领悟力、政治执行力，坚决维护党中央权威和集中统一领导，充分发挥党总揽全局、协调各方的领导核心作用，我们这个拥有9600多万名党员的马克思主义政党更加团结统一。

这十年来，我们深入推进全面从严治党，坚持打铁必须自身硬，从制定和落实中央八项规定开局破题，提出和落实新时代党的建设总要求，以党的政治建设统领党的建设各项工作，坚持思想建党和制度治党同向发力，严肃党内政治生活，持续开展党内集中教育，提出和坚持新时代党的组织路线，突出政治标准选贤任能，加强政治巡视，形成比较完善的党内法规体系，推动全党坚定理想信念、严密组织体系、严明纪律规矩。

这十年来，我们持之以恒正风肃纪，以钉钉子精神纠治“四风”，反对特权思想和特权现象，坚决整治群众身边的不正之风和腐败问题，刹住了一些长期没有刹住的歪风，纠治了一些多年未除的顽瘴痼疾。这十年来，我们开展了史无前例的反腐败斗争，以“得罪千百人、不负十四亿”的使命担当祛疴治乱，不敢腐、不能腐、不想腐一体推进，“打虎”“拍蝇”“猎狐”多管齐下，反腐败斗争取得压倒性胜利并全面巩固，消除了党、国家、军队内部存在的严重隐患，确保党和人民赋予的权力始终用来为人民谋幸福。习近平总书记强调，经过不懈努力，党找到了自我革命这一跳出治乱兴衰历史周期率的第二个答案，自我净化、自我完善、自我革新、自我提高能力显著增强，管党治党宽松软状况得到根本扭转，风清气正的党内政治生态不断形成和发展，确保党永远不变质、不变色、不变味。

自我革命是我们党跳出历史周期率的第二个答案。走过百年奋斗历程的中国共产党在革命性锻造中更加坚强有力，党的政治领导力、思想引领力、群众组织力、社会号召力显著增强，党同人民群众始终保持血肉联系，中国共产党在世界形势深刻变化的历史进程中始终走在时代前列，在应对国内外各种风险和考验的历史进程中始终成为全国人民的主心骨，在坚持和发展中国特色社会主义的历史进程中始终成为坚强领导核心。

我们党立志于中华民族千秋伟业，致力于人类和平与发展崇高事业，责任无比重大，使命无上光荣。在迈上全面建设社会主义现代化国家新征程上，我们党要始终赢得人民拥护、巩固长期执政地位，必须时刻保持解决大党独有难题的清醒和坚定，必须勇于自我革命，落实新时代党的建设总要求，健全全面从严治党体系，全面推进党的自我净化、自我完善、自我革新、自我提高，使我们党坚守初心使命、永葆生机活力，始终成为中国特色社会主义事业的坚强领导核心，以伟大自我革命引领伟大社会革命，谱写新时代中国特色社会主义更加绚丽的华章。

本书以习近平总书记关于党的自我革命重要论述为指导，结合学习领会党的二十大精神，从理论、历史、现实等多个维度展开论述，希冀对进一步深化党的自我革命理论与实践的学习和研究有所裨益。

张荣臣　郑超华

2023 年 1 月

目 录

第四章
勇于自我革命，不断增强自我净化能力

第五章
勇于自我革命，不断增强自我完善能力

第六章
勇于自我革命，不断增强自我革新能力

第七章
勇于自我革命，不断增强自我提高能力

第一章

从毛泽东和黄炎培的谈话说起

1945 年 7 月，在抗日战争胜利的前夕，黄炎培、褚辅成、冷遹、傅斯年、左舜生、章伯钧等六位国民参政员造访延安。在这次访问期间，毛泽东与黄炎培有过一次非常重要的谈话，后来被称为“窑洞对”。在这次谈话中，一人，一家，一团体，一地方，乃至一国所出现的“其兴也浡焉，其亡也忽焉”的历史周期率，首次被提了出来。78 年前，毛泽东的回答宣示了中国共产党人跳出治乱兴衰历史周期率的第一个答案，这就是民主，让人民监督政府。经过党的百年奋斗特别是党的十八大以来的不懈努力，在以习近平同志为核心的党中央坚强领导下，中国共产党人用勇毅行动和伟大实践，回答了跳出治乱兴衰历史周期率的第二个答案，这就是自我革命。这两个答案并行不悖、相互支撑，确保中国共产党始终赢得人民拥护、永葆生机活力，确保党不变质、不变色、不变味。

一、治乱兴衰的历史周期率

中国历史源远流长，上下五千年，出现了很多个朝代。在这些朝代中，存在时间长的五六百年。而这些朝代之所以出现更迭，很关键的原因在于自身出现了问题，要么政怠宦成、要么人亡政息、要么求荣取辱，总之没有跳出治乱兴衰的历史周期率。

2018 年 1 月 5 日，习近平总书记在新进中央委员会的委员、候补委员和省部级主要领导干部学习贯彻习近平新时代中国特色社会主义思想和党的十九大精神研讨班上的讲话中指出，从我国历史看，朝代存在时间长的有夏朝 400 多年、商朝约 600 年、西周约 300 年、东周 500 多年、西汉 215 年、东汉 195 年、唐朝 290 年、明朝 277 年、清朝 268 年，短的有秦朝 15 年、三国 61 年、北宋 167 年、南宋 153 年、元朝 90 年、民国 38 年，其他小朝代昙花一现、朝生暮死不计其数。秦朝、北宋、元朝都曾经是不可一世的强国，但很快就日薄西山。就是那些时间较长的朝代，后期也都是朝政腐败、社会动荡、民怨沸腾、反抗不断，很多都是苟延残喘、奄奄一息了。这说明，一个政权建立起来后，要保持兴旺发达、长治久安是很不容易的。如果不自省、不警惕、不努力，再强大的政权都可能走到穷途末路。

夏朝是我国第一个奴隶制王朝，存在约 400 多年。夏朝的中心区位于黄河中游，夏族原是这里的一个部落。禹因治理水患有功，被推举为首领。舜曾经嘱咐禹要“克勤于邦，克俭于家”。禹死后，他的儿子启得王位，废除了禅让制，开始了世袭制，“家天下”的这种政治格局，标志着夏王朝的建立。夏启虽然是开国之君，但他却贪图享乐，纵情歌舞。后面继承他位子的太康也沉浸于玩乐之中，致使贵族后裔乘机夺权，酿成了“太康失邦”。此后，因有少康这样曾“生长艰危，备尝险阻”之君，一度中兴，但八传至孔甲之后，又开始“好事鬼神，肆行淫乱”，最终德政日衰，诸侯或不朝，显示出了末世景象。最后一个帝王夏桀，是一个有名的暴君，他不务德而武伤百姓，百姓忍受不了。同时夏桀又“灭德任威，弃义听馋，诸侯危其位，大夫隐其道”，以至于国力尽竭，民怨沸腾，夏王朝的统治也就走到了尽头。

商朝生死存续的历史，大约 600 年。商朝的创立者汤有治国雄心，刚开始即位的时候，便反对“恒舞于宫，酣歌于室”“殉于货色，恒于游畋”。他也能自省自责，其盘铭曰“苟日新，日日新，又日新”。在天气干旱的时候，他向上天祈祷下雨，希望“毋以予一人之不敏，伤民之命”，而且还检讨自己的言行，有没有出现“政不节欤？使民疾欤？宫室崇欤？女谒盛欤？苞苴行欤？谗夫昌欤？”这些情形，深恐出现臣下进谗言、向后宫行贿和政策扰民等弊端，避免遗祸天下。但是，商朝到了后期，其原来非常重要的重民思想逐渐丧失，奴隶主贵族的生活变得更加腐朽。商纣王也“好淫乐，厚赋税”，听信谗言，奢靡享乐，做酒池肉林，又连年征战，弄得民不聊生，最终激化了社会矛盾。历史上有名的“牧野之战”，记述了商军的溃败，最后商朝也倾覆了。

秦朝作为中国历史上第一个统一的多民族的封建国家，建于公元前 221 年，至公元前 207 年，二世而亡，才存在 15 年之久。秦朝的“兴也忽，亡也速”，证明了治乱兴衰历史周期率真实起作用。战国七雄争霸，秦国能够使天下都归顺于它，是坚持革故鼎新、发愤图强的结果。秦孝公重用商鞅实行变法，成为秦国从贫弱走向强盛的重大转折点。其后君臣共襄大业，秦臣大多“出于其门，入于公门；出于公门，归于其家，无有私事也。不比周，不朋党”，一步步把兴盛推向灿烂的顶峰。秦始皇嬴政功勋显赫，完成了中国历史上第一次大一统的局面，奠定了两千年来中国疆域的轮廓，为中国多民族国家的形成打下了基础，成为“千古一帝”。但是，正如贾谊在《过秦论》中所说的，秦始皇与其先世胜在“善攻”，败在“不善守”，根本在于仁义不施。结论是“仁义不施，而攻守之势异也”。晚唐诗人杜牧在《阿房宫赋》中曾经描写了阿房宫的豪华盛景，“蜀山兀，阿房出。覆压三百余里，隔离天日。骊山北构而西折，直走咸阳。二川溶溶，流入宫墙。五步一楼，十步一阁；廊腰缦回，檐牙高啄；各抱地势，钩心斗角”。但这些豪华盛景是靠征用数十万民力建造起来的，耗费了大量的人力物力财力。秦始皇驾崩后，继任者秦二世更加残暴，有过之而无不及，致使农民起义风起云涌，统治阶级内部也互相残杀，内忧外患激荡，强秦覆亡。杜牧由此发出穿透千古的感叹：“呜呼！灭六国者，六国也，非秦也。族秦者，秦也，非天下也。嗟乎！使六国各爱其人，则足以拒秦；使秦复爱六国之人，则递三世可至万世而为君，谁得而族灭也？秦人不暇自哀，而后人哀之；后人哀之而不鉴之，亦使后人而复哀后人也。”可以说，杜牧的这一感叹，从一定程度上揭示了封建王朝跳不出历史周期率的必然性。

此后，中国历史又经历了西汉、东汉，而在魏晋南北朝时，皇朝更迭更像走马灯，一个个短暂的政权演绎着天下治乱兴衰。当时，西晋灭亡后，北方和西南出现“五胡十六国”局面；东晋灭亡后，南方又经历了宋、齐、梁、陈四个朝代；而北方也先后出现少数民族建立起来的北魏、东魏、西魏、北齐、北周五个政权。到了后期，南北各族统治者或感于兴亡无常的命运，或沉溺于腐朽生活而思想空虚，最后一个个皇朝不可避免地走向动乱和灭亡。

隋朝结束了国家400年的混战、分裂和割据，它上承魏晋南北朝，下启唐五代，是中国历史上一个重要的王朝，实现了中国历史上第二次大一统。隋朝曾有一段时间社会稳定繁荣，物质财富丰盛，还在短期内实行了政治、经济、法律、兵制等方面的改革，建立了不同以往的新制度，对以后的朝代影响都比较大。但是，隋朝从隋文帝开皇元年（公元 581 年）建立，到隋炀帝大业十四年（公元 618 年）灭亡，也仅历二世，存在 38 年的时间。隋朝初期，文帝“勤于为治，每临朝，或至日昃，五品已上，引坐论事，卫士传餐而食”。他拥有雄才大略，重用一批贤德之士，奖励良吏，严惩贪官污吏，反对奢侈浪费，继续推行均田制，实行一系列利于百姓安居乐业、从事生产的政策，减免赋税，体恤民情，出现了一派盛世景象。文帝末年，“天下储积，可供五十年”，其库藏之多，是以前从来没有过的。但是，隋炀帝即位后，虽然前期有一番作为，但到了后期也以虚浮为贵，穷奢极欲，纵情声色，贪污腐败，横征暴敛，给百姓带来沉重负担，最后百姓不得不起来造反，隋朝统治也以覆灭告终。

隋朝之后，唐朝初期的统治者们头脑都比较清醒。太宗李世民常以亡隋为戒，吸取“水能载舟，亦能覆舟”的教训，认为“为君之道，必须先存百姓，若损百姓以奉其身，犹割股以啖腹，腹饱而身毙”。为此，在唐朝初期，政治比较清明，通过改革，严明赏罚、纳谏任贤，出现一派人才济济的景象。同时，在经济上，唐朝轻徭薄赋，不大兴土木，反对竭泽而渔；且中央财政不尽取于州、郡，尤不尽取于民间。这些措施顺乎民心，合乎民意，促进了生产力的发展，形成了空前繁荣的盛世景象。唐初期的“贞观之治”、唐中期的“开元盛世”，国威远及波斯，京城长安堪称当时的世界中心。当时，唐皇帝被尊称为“天可汗”，即“众国之王”。新罗国将唐文化奉为圭臬，无论典章制度，还是礼仪风俗，都仿效得惟妙惟肖。而那个时候，外国使臣不论国度，不论肤色，都以出使长安为荣耀，迎来送往构成了都城绚丽多姿的风情画。日本派遣多批大型使团到唐朝访问、留学，还有许多外国使臣和留学生来了唐朝之后就不想回国。有的使臣居留长安达几十年，娶妻生子，安家立业，以致当时的宰相命令他们，要么保留国籍早日回去，要么放弃国籍永居中国，结果全部成为中国人。当时的唐朝，也有不少外国人在朝廷之中任职做官。同时，除都城外，洛阳、扬州、广州、泉州、成都等城也都以博大胸怀容纳大批外国使者。可见，这种万国来仪的场面宏伟壮观。开元中期，唐玄宗陶醉于歌舞升平的景象，尚文之风日盛，尚实之意日衰，渐渐耽迷于声色，不理朝政，出现了宦官干政、藩镇割据、贪污贿赂成风等政治危机，最终唐朝仅存在 290 年就寿终正寝了。

唐朝之后，中国依次出现了宋朝、元朝、明朝、清朝，也曾出现了“仁宗盛治”“至元之治”“洪永盛世”“康乾盛世”的光明景象，但都没有坚持下来就凋零凋敝了。分析中国历代王朝的兴亡起伏，可以发现，历代王朝的初创者基本都能兢兢业业、勤勉奋斗、艰苦创业，但其后的继任者却未能继承前人遗志，到了中后期便奢靡享乐、消极腐败、脱离人民，最终都没能跳出治乱兴衰的历史周期率。《史论十三篇》曾经指出：“由治而乱，从兴到衰，这是历代王朝都未能摆脱的周期性循环。而同样值得深思的是，千百年来，面对残暴的统治，农民阶级敢于以刀枪相见、用性命相搏，却由于阶级和时代的局限，最终不免归于失败。中国农民战争史上的最高峰——太平天国起义也是如此。”[①] 太平天国起义历时 14 年，波及 18 个省，不仅是中国历史上第一次在南方兴起而波及全中国的农民起义，也是世界历史上规模空前的一次农民起义，达到了旧式农民起义的最高峰。

① 中央政策研究室哲学历史研究局编著：《史论十三篇》，红旗出版社 2002 年版，第 144 页。

可见，对于治乱兴衰的历史周期率，不仅地主阶级无法跳出，农民阶级也无法跳出，那么工人阶级，特别是中国工人阶级的先锋队中国共产党，能否跳出这个历史周期率呢？这成为一代又一代中国共产党人必须回答的时代课题。

二、跳出历史周期率的第一个答案

1945 年 7 月 1 日中午时分，毛泽东、朱德、周恩来、林伯渠、叶剑英等十多位中共中央、陕甘宁边区以及八路军领导人齐聚延安机场，在这里迎接即将从重庆来的黄炎培等人。随着飞机的降落，黄炎培、傅斯年、章伯钧等六位国民参政会参政员走下飞机，毛泽东等人一起走上前去，表示热烈的欢迎，并与黄炎培等人在机场合影留念。这里，大家可能会有疑问，黄炎培是谁？六位国民参政会参政员为什么在这个时候造访延安？为什么毛泽东等领导人对他们的到来这么重视，需要亲自迎接？

黄炎培是中华职业教育社的创办人，曾赴日本留学，回国后在蔡元培介绍下参加了同盟会，1917 年赴美考察后，回国创立了中华职业教育社，1918 年创办中华职业学校，抗战后担任国民参政会参政员。这次黄炎培与其他几位参政员一起来延安，源于国民政府希图召开的所谓“国民大会”。1945 年 5 月，国民党“六大”决定召开国民党一党包办的“国民大会”。中国共产党对此展开了针锋相对的斗争，同年 6 月，毛泽东在中共七届一中全会上宣布不参加即将召开的国民参政会，并坚决反对所谓的“国民大会”。为此，黄炎培等国民参政会参政员联名致电毛泽东、周恩来，表示希望访问延安，为两党谈判搭建桥梁。很快，中共中央回电表示欢迎。于是，就发生了前面的一幕。

黄炎培等人来到延安的当天，正好是中国共产党成立 24 周年，中共中央高度重视并热诚欢迎他们的到来，毛泽东等延安党政军领导人在百忙之中亲自到机场迎接，并陪同共进午餐。虽然在延安造访的时间不长，但中共领导人的朴实稳重，红色延安的民主祥和，让黄炎培不禁感慨："延安五日中间所看到的，当然是距离我理想相当近的。"

造访期间，在与黄炎培等人的交谈中，有一次毛泽东问黄炎培的感想怎样，黄炎培说："我生六十多年，耳闻的不说，所亲眼看到的，真所谓'其兴也浡焉'，'其亡也忽焉'，一人，一家，一团体，一地方，乃至一国，不少不少单位都没有能跳出这周期率的支配力。大凡初时聚精会神，没有一事不用心，没有一人不卖力，也许那时艰难困苦，只有从万死中觅取一生。既而环境渐渐好转了，精神也就渐渐放下了。有的因为历时长久，自然地惰性发作，由少数演为多数，到风气养成；虽有大力，无法扭转，并且无法补救。也有为了区域一步步扩大了，它的扩大，有的出于自然发展，有的为功业欲所驱使，强求发展，到干部人才渐见竭蹶、艰于应付的时候，环境倒越加复杂起来了，控制力不免趋于薄弱了。一部历史，'政怠宦成'的也有，'人亡政息'的也有，'求荣取辱'的也有，总之没有能跳出这周期率。"他说："中共诸君从过去到现在，我略略了解的了。就是希望找出一条新路，来跳出这周期率的支配。”[①]

黄炎培所说的“历史周期率”，是指中国历代王朝经历治乱兴衰、往复循环呈现出的周期性现象。黄炎培之所以如此详细地表达他的疑问，显然这是长期使他困惑的问题，并且是他一直思考的问题。在这里，黄炎培其实是向毛泽东提出了一个重大的政治问题，表达了相当一部分民主人士对中国共产党的担心：中国共产党夺取政权之后会不会重蹈因胜利而腐化堕落的覆辙？

黄炎培的担心是有充分史实根据的，中国历史上自秦到清总共60多个正式的王朝，平均统治时间约为60年，几乎形成了一条先兴后衰的规律。从表面上看，是宫廷争斗、外侵、天灾、民变使之衰败、倾覆；从根本上说，是生产力和生产关系矛盾运动的结果，是生产力发展的要求被扼制，是封建专制统治对政治、经济、文化的压制。中国封建专制历史悠久，自秦始皇奠定中央集权的皇权专制大一统局面后，虽有崩溃，但终复一统，且历代相沿。各个朝代都是皇权高于一切，皇帝可以独断专行、恣意妄为，不受制约、无法无天，因此摆脱不了治乱兴衰的周期率。

中国历史上，一切剥削阶级及其政治集团建立的政权，都没有摆脱兴亡周期率。新的封建王朝在夺取政权后，又开始依附在专制权力体系的基础上，拼命地捞取好处，一代一代捞下去，又激化了同广大人民群众的矛盾，于是又一轮农民起义爆发了，又一个历史周期开始了。毛泽东对中国历史和中国社会是非常熟悉的。如何摆脱兴亡周期率，正是他在革命即将取得成功时所考虑的一个大问题。他在应答时

① 《毛泽东传（1893—1949）》，中央文献出版社2004年版，第745—746页。

坚定地说："我们已经找到新路，我们能跳出这周期率。这条新路，就是民主。只有让人民来监督政府，政府才不敢松懈。只有人人起来负责，才不会人亡政息。"[①]毛泽东的这番话也表明，在当时他们谈话的语境中说的是"概率"，而不光是指"规律"。

毛泽东的表述很明确，封建社会摆脱不了的政权兴亡周期率，我们共产党人是能跳出来的，办法就是把权力交给广大人民群众，而不是交给少数人。专制的对立面是民主，民主就是由多数人说了算，实行多数人的统治。这不是打破历史规律，而是作出了符合历史规律必然要求的选择。这就是著名的"窑洞对"，也就是历史周期率的由来。"窑洞对"不仅是中国共产党同民主党派肝胆相照的写照，也见证了中国共产党对人民民主的探索、对人民福祉的追求。黄炎培从延安回来后写了《延安归来》一书，在书中他认为，毛泽东的回答"是对的"。"只有大政方针决之于公众，个人功业欲才不会发生。只有把每一地方的事，公之于每一地方的人，才能使地地得人，人人得事。用民主来打破这周期率，怕是有效的。"[②]

毛泽东对黄炎培的回答，正是中国共产党人一直以来孜孜以求并且始终坚守的不变信条。正如毛泽东在新中国成立前夕、庆祝中国共产党成立 28 周年之际，撰写的《论人民民主专政》中所指出的，人民是什么？在中国，在现阶段，是工人阶级，农民阶级，城市小资产阶级和民族资产阶级。这些阶级在工人阶级和共产党的领导之下，团结起来，组成自己的国家，选举自己的政府，向着帝国主义的走狗即地主阶级和官僚资产阶级以及代表这些阶级的国民党反动派及其帮凶

① 《毛泽东传（1893—1949）》，中央文献出版社 2004 年版，第 746 页。
② 《毛泽东传（1893—1949）》，中央文献出版社 2004 年版，第 746 页。

们实行专政，实行独裁，压迫这些人，只许他们规规矩矩，不许他们乱说乱动。如要乱说乱动，立即取缔，予以制裁。对于人民内部，则实行民主制度，人民有言论集会结社等项的自由权。选举权，只给人民，不给反动派。这两方面，对人民内部的民主方面和对反动派的专政方面，互相结合起来，就是人民民主专政。为什么要这样做？大家很清楚。不这样，革命就要失败，人民就要遭殃，国家就要灭亡。

这就是中国共产党人对跳出治乱兴衰历史周期率给出的第一个答案——民主。

1949年3月23日，中共中央离开西柏坡前往北平。出发时，毛泽东对周恩来说，今天是进京的日子，进京赶考去。周恩来笑着说，我们应当都能考试及格，不要退回来。毛泽东坚定地说，退回来就失败了。我们决不当李自成，我们都希望考个好成绩。这就是中国共产党人永葆“赶考”的清醒和坚定的由来，也是中国共产党人决意跳出历史周期率的清醒和坚定。

此前，1944年3月19日，郭沫若的《甲申三百年祭》在重庆的《新华日报》上连载发表，到22日全部载完。《甲申三百年祭》讲述的是明朝末年，政治腐败，灾荒严重，明崇祯昏聩，结果引起民变，导致亡国之祸。李自成起义队伍由小到大，终至推翻明朝统治，占领北京。但是，李自成占领北京之后，不听李岩的主张，被胜利冲昏了头脑，忽略敌人，不讲政策，有些首领生活腐化，发生宗派斗争，最后终于失败。《甲申三百年祭》公开发表的时候，正是全民族抗日战争已由战略相持转入战略反攻的时候。当时，中国人民在中国共产党的领导下正全力以赴夺取抗日战争的最后胜利，并为建立自由、民主、独立、富强的新中国而奋斗。为迎接胜利，推动斗争，郭沫若在纪念李自成领导农民起义300周年的历史关头，撰写了《甲申三百年祭》，第一个以马克思列宁主义的科学态度对李自成领导的农民起义的原因、经验教训作了总结。

毛泽东对《甲申三百年祭》非常重视，当时正值我们党开展整风运动，毛泽东把《甲申三百年祭》作为整风文件，要求党内学习谈论，在延安和各解放区产生了很大的影响。1944年4月12日，在延安高级干部会议上，毛泽东指出："我党历史上曾经有过几次表现了大的骄傲，都是吃了亏的。第一次是在一九二七年上半年。那时北伐军到了武汉，一些同志骄傲起来，自以为了不得，忘记了国民党将要袭击我们。结果犯了陈独秀路线的错误，使这次革命归于失败。第二次是在一九三〇年。红军利用蒋冯阎大战的条件，打了一些胜仗，又有一些同志骄傲起来，自以为了不得。结果犯了李立三路线的错误，也使革命力量遭到一些损失。第三次是在一九三一年。红军打破了第三次'围剿'，接着全国人民在日本进攻面前发动了轰轰烈烈的抗日运动，又有一些同志骄傲起来，自以为了不得。结果犯了更严重的路线错误，使辛苦地聚集起来的革命力量损失了百分之九十左右。第四次是在一九三八年。抗战起来了，统一战线建立了，又有一些同志骄傲起来，自以为了不得，结果犯了和陈独秀路线有某些相似的错误。这一次，又使得受这些同志的错误思想影响最大的那些地方的革命工作，遭到了很大的损失。全党同志对于这几次骄傲，几次错误，都要引为鉴戒。近日我们印了郭沫若论李自成的文章，也是叫同志们引为鉴戒，不要重犯胜利时骄傲的错误。"①

① 《毛泽东选集》第3卷，人民出版社1991年版，第947—948页。

1944 年 11 月 21 日，毛泽东还给郭沫若写了一封信，信中提出："你的《甲申三百年祭》，我们把它当作整风文件看待。小胜即骄傲，大胜更骄傲，一次又一次吃亏，如何避免此种毛病，实在值得注意。""我虽然兢兢业业，生怕出岔子，但说不定岔子从什么地方跑来；你看到了什么错误缺点，希望随时示知。"[①] 毛泽东还肯定了郭沫若的史论、史剧，认为它有大益于中国人民，只嫌其少，不嫌其多，精神决不会白费的，希望郭沫若继续努力。

1949 年 3 月 5 日，毛泽东在中共七届二中全会上强调，夺取全国胜利，这只是万里长征走完了第一步。如果这一步也值得骄傲，那是比较渺小的，更值得骄傲的还在后头。在过了几十年之后来看中国人民民主革命的胜利，就会使人们感觉那好像只是一出长剧的一个短小的序幕。剧是必须从序幕开始的，但序幕还不是高潮。中国的革命是伟大的，但革命以后的路程更长，工作更伟大，更艰苦。这一点现在就必须向党内讲明白，"务必使同志们继续地保持谦虚、谨慎、不骄、不躁的作风，务必使同志们继续地保持艰苦奋斗的作风"[②]。毛泽东这里强调的"两个务必"，从另一层面看，也是为了确保我们党在成为执政党、实现全面执政后，避免人亡政息、治乱兴衰，跳出历史周期率的警醒和教诲。

1949 年 3 月 25 日，毛泽东在由西柏坡移驻北平的路上，异常兴奋，形象地把今后党领导建设新中国的宏伟事业比作"进京赶考去"。怎样考出好成绩呢？毛泽东的回答是："我们进北平，可不是李自成进北平，他们进了北平就变了。我们共产党人进北平，是要继续革

① 《毛泽东传（1893—1949）》，中央文献出版社 2004 年版，第 691 页。
② 《毛泽东选集》第 4 卷，人民出版社 1991 年版，第 1438—1439 页。

命，建设社会主义，直到实现共产主义。”[①] 执政，就意味着掌握权力，在掌握权力的情况下，怎样防止一些领导干部以权谋私形成既得利益集团？关键是要营造科学执政、民主执政、依法执政的体制和机制，健全民主制度，丰富民主形式，拓宽民主渠道，依法实行民主选举、民主决策、民主管理、民主监督，保障人民的知情权、参与权、表达权、监督权。只有坚持不懈地推进社会主义民主政治的制度化、规范化、程序化，我们才能“跳出”历史兴亡的周期率。

1989 年 1 月，习近平同志在担任中共宁德地委书记期间，曾阐述了毛泽东与黄炎培的“窑洞对”故事，并对历史周期率进行了阐发：美国哈佛大学费正清教授在他所著的《伟大的中国革命》一书中曾提出这样的问题：“1928 年中国的希望似乎在国民党一边，为什么 20 年后形势颠倒了呢？”他的回答是：“国民党的领导变得陈腐了”，“因而失掉民心”；而中国共产党的领导者们则“都是极热诚忠于他们的事业，并充当开路先锋，为一个伟大民族的奋起秣马厉兵”。作为一个资产阶级学者，难得他看到了民心所向问题，这也确实道出了中国革命胜利的根本原因——中国共产党与广大人民群众存在的血肉联系。[②] 毛泽东高度概括总结了中国共产党的理论和实践，提出了“全心全意为人民服务”这一庄严而伟大的号召，并把它作为我们党的唯一宗旨写进党章。可见密切联系人民群众是由我们党的性质和使命所决定的，也是我们党在长期革命斗争中形成并坚持的优良传统作风。我们要从这样的高度来认识为什么提倡干部苦练密切联系群众这个基本功。

① 《毛泽东传（1893—1949）》，中央文献出版社 2004 年版，第 954 页。
② 《习近平讲故事》，人民出版社 2017 年版，第 35 页。

从毛泽东等老一辈无产阶级革命家领导中国革命、局部执政的时候起，中国共产党人就对如何跳出治乱兴衰的历史周期率，进行了不懈探索，找到了第一个答案，这就是民主。这是基于中国共产党的本质属性——人民性的必然回答。经过百年奋斗特别是党的十八大以来新的实践，中国共产党人又给出了跳出治乱兴衰的历史周期率的第二个答案，这就是自我革命。这是基于中国共产党的又一本质属性——先进性和纯洁性的必然回答。

三、跳出历史周期率的第二个答案

党的十八大结束后不久，2012 年 12 月 24 日全天和 25 日上午，冒着零下 10 多摄氏度的严寒，习近平总书记轻车简从，一一登门走访 8 个民主党派中央和全国工商联，看望工作人员，参观历史及工作成果展览，并同各民主党派中央和全国工商联领导人分别座谈，共商巩固和发展爱国统一战线、坚持和完善中国共产党领导的多党合作和政治协商制度的大计。在与时任民建中央主席陈昌智的座谈中，习近平总书记强调，毛泽东和黄炎培在延安窑洞关于历史周期率的一段对话，至今对中国共产党都是很好的鞭策和警示。这是习近平担任中共中央总书记以来，较早的一次明确谈及历史周期率的重要谈话。

同时，习近平总书记还多次引用中国历史，特别是中国历代王朝兴衰治乱、人亡政息的教训。2013 年 7 月 11 日至 12 日，习近平总书记在河北调研指导党的群众路线教育实践活动时指出，我们党得到了中国最广大人民的支持和拥护，中国没有一种政治势力能够取代中国共产党。我们党的执政基础很牢固，但如果作风问题解决不好，也就可能出现“霸王别姬”这样的时刻。我们一定要有危机意识。习近平总书记在这里引用“霸王别姬”的典故，就是要告诫全党，党和国家事业成败的关键在于人心向背，一定要从党的执政基础和生死存亡高度看待作风问题，不解决好作风问题，就会失去人民群众的拥护，就会出现亡党亡国的后果。习近平总书记还指出：“如果不坚决纠正不良风气，任其发展下去，就会像一座无形的墙把我们党和人民群众隔开，我们党就会失去根基、失去血脉、失去力量。”[①] 这些掷地有声的话语，既有对历史经验和教训的深刻总结，也承载着对全党同志改进作风、密切同人民群众的血肉联系的殷切期待。

2013 年 1 月 22 日，习近平总书记在十八届中央纪委二次全会上还讲了“二世而亡”的故事。他说道：“秦始皇是第一个统一了中国的封建帝王，开始是代表了历史发展要求的，但他好大喜功，横征暴敛，弄得民怨沸腾，不过传之二世秦王朝就灭亡了。”[②] 同时，习近平总书记还讲述了唐朝的兴衰之路，他说：“唐王朝建立后，唐太宗励精图治、纳谏任贤，成就了贞观之治。但是，唐王朝后来的统治者渐渐忘乎所以，沉醉于声色犬马，唐玄宗‘春宵苦短日高起，从此君王不早朝’，各级官吏贪污贿赂成风，结果‘渔阳鼙鼓动地来，惊破霓裳羽衣曲’，发生了安史之乱，唐王朝也就从兴盛走向衰落，最后王仙芝、黄巢起义攻下长安，不久唐王朝就寿终正寝了。”[③] 习近平总书记在这里用了“一短一长”两个朝代进行阐述，就是要警醒全党同

① 《习近平谈治国理政》第 1 卷，外文出版社 2018 年版，第 387 页。
② 《习近平讲故事》，人民出版社 2017 年版，第 20 页。
③ 《习近平讲故事》，人民出版社 2017 年版，第 20 页。

志，腐败是社会毒瘤，不管是执政时间长，还是执政时间短，廉洁则政兴，腐败则政息，这是历史的铁律。必须以史为鉴，吸取历史教训，坚定不移地将反腐败斗争进行到底。正如习近平总书记所指出的："我们党把党风廉政建设和反腐败斗争提到关系党和国家生死存亡的高度来认识，是深刻总结了古今中外的历史教训的。中国历史上因为统治集团严重腐败导致人亡政息的例子比比皆是，当今世界上由于执政党腐化堕落、严重脱离群众导致失去政权的例子也不胜枚举啊！"①

在这一次讲话中，习近平总书记还讲了一个"亡国之音"的典故。南北朝时期南朝陈国皇帝陈叔宝对诗词歌赋情有独钟，每有宴会便与大臣吟诗作对，对促使诗歌的格律规范、奠定隋唐诗歌盛世的基础起到了重要作用。《玉树后庭花》等诗作，显示了他较高的文学造诣。但是，不管陈叔宝在文学、艺术方面的造诣有多高，在治国兴邦上却是不及格的，昏庸荒淫终致国破家亡，让他的人生履历失色。陈叔宝沉迷于俗脂艳粉、灯红酒绿，终致兵败亡国。习近平总书记鲜明地指出，南北朝时期南朝陈国皇帝陈叔宝，在位时生活奢侈、不理朝政，后来隋军南下，其军队不堪一击，陈叔宝被俘病死。他所作的诗《玉树后庭花》被后人称为"亡国之音"。唐代诗人刘禹锡在《金陵五题 · 台城》中写道："台城六代竞豪华，结绮临春事最奢。万户千门成野草，只缘一曲后庭花。"杜牧夜泊秦淮，听闻歌女吟唱《玉树后庭花》，也不禁发出了"商女不知亡国恨，隔江犹唱后庭花"的感叹。正所谓"奢靡之始，危亡之渐"，历朝历代，奢靡之风兴盛都是

① 《习近平讲故事》，人民出版社 2017 年版，第 22 页。

衰败的前兆。

2018 年 1 月 5 日，在新进中央委员会的委员、候补委员和省部级主要领导干部学习贯彻习近平新时代中国特色社会主义思想和党的十九大精神研讨班上，习近平总书记明确指出："我经常讲到历史周期率问题，这的确是我国历史上封建王朝摆脱不了的宿命。秦始皇统一天下后，穷奢极欲、挥霍无度，搜刮民财、征用民力，陈胜、吴广揭竿而起，四方响应，函谷关被攻破，项羽放了一把火，富丽堂皇的阿房宫变成一片焦土。后人感叹说：'呜呼！灭六国者，六国也，非秦也。族秦者，秦也，非天下也。嗟乎！使六国各爱其人，则足以拒秦；使秦复爱六国之人，则递三世可至万世而为君，谁得而族灭也？秦人不暇自哀，而后人哀之；后人哀之而不鉴之，亦使后人而复哀后人也。'汉朝经历'文景之治'、汉武帝称雄后由盛转衰，最终陷入烽火四起、三国纷争，诸葛亮在《出师表》中云：'亲贤臣，远小人，此先汉所以兴隆也；亲小人，远贤臣，此后汉所以倾颓也。''开元盛世'时期的唐明皇在统治后期也转为昏庸、喜好女色、怠于政事，朝中奸臣当道、贿赂成风，史称'侈心一萌，邪道并进'。乾隆后期，官无不贪、吏无不恶，统治阶层过着声色犬马、骄奢淫逸的生活，'三年清知府，十万雪花银'就是那个时期的民谣。清代末期，国家羸弱衰败，当初那么能征善战的八旗军，合计近 200 万的清兵，却任由不到 2 万的八国联军长驱直入。这方面的例子，中外历史上比比皆是。""回顾封建王朝的兴衰更替史，不难看出：有些封建王朝开始时顺乎潮流、民心归附，尚能励精图治、以图中兴，遂致功业大成、天下太平，但都未能摆脱盛极而衰的历史悲剧。导致悲剧的原因很多，其中一个共同的也是极其重要的原因就是统治集团贪图享乐、穷奢极欲，昏庸无道、荒淫无耻，吏治腐败、权以贿成，又自己解决不了自己的问题，搞得民不聊生、祸乱并生，终致改朝换代。”[①]

习近平总书记强调：“中国历史上的农民起义有其重大进步意义，这一点必须肯定，同时其失败的教训也发人深醒。明末李自成揭竿而起、严明军纪、剿兵安民，起义军席卷神州、所向披靡、攻占北京。然而，好景不长，起义军进城后骄傲自满，庞大人马在京城里沉迷享乐、军纪松弛。清兵入关后，起义军仓促应战，人心涣散、一击则溃，短短几个月就土崩瓦解。太平军自金田起义后，短短两年多时间就从广西一隅，跨两湖、过三江、下江南，定都天京。可是，一些农民领袖进城后就开始攀比奢华、醉生梦死，乃至相互倾轧、众叛亲离，到后期革命斗志尽失，一败涂地。忠王李秀成驻守苏州，忠王府之豪华令人叹止，直到苏州城被破前夕还在施工，连李鸿章看了都惊叹‘真如神仙窟’、‘平生所未见之境也’。许多农民起义往往归于失败，除封建政权残酷镇压外，其中一个很重要的原因，就是农民起义队伍不能解决好自身存在的问题。”“我们党和国家的性质宗旨同封建王朝、农民起义军有着本质区别，不可简单类比，但以史为鉴可以知兴替。功成名就时做到居安思危、保持创业初期那种励精图治的精神状态不容易，执掌政权后做到节俭内敛、敬终如始不容易，承平时期严以治吏、防腐戒奢不容易，重大变革关头顺乎潮流、顺应民心不容易。”[②]

斗转星移，日月如梭，中国共产党成立100多年了，今天依旧面临着如何跳出周期率这个历史问题。2021年11月11日，习近平总书

① 习近平：《推进党的建设新的伟大工程要一以贯之》，《求是》2019年第19期。
② 习近平：《推进党的建设新的伟大工程要一以贯之》，《求是》2019年第19期。

记在党的十九届六中全会第二次全体会议上强调，我们党历经百年、成就辉煌，党内党外、国内国外赞扬声很多。越是这样越要发扬自我革命精神，千万不能在一片喝彩声中迷失自我。正所谓“不诱于誉，不恐于诽”。“全党同志要永葆自我革命精神，增强全面从严治党永远在路上的政治自觉，决不能滋生已经严到位、严到底的情绪！”[①]2022年1月11日，在省部级主要领导干部学习贯彻党的十九届六中全会精神专题研讨班上的讲话中，习近平总书记强调：“我们党历史这么长、规模这么大、执政这么久，如何跳出治乱兴衰的历史周期率？毛泽东同志在延安的窑洞里给出了第一个答案，这就是只有让人民来监督政府，政府才不敢松懈。经过百年奋斗特别是党的十八大以来新的实践，我们党又给出了第二个答案，这就是自我革命。”“在新的历史条件下，要永葆党的马克思主义政党本色，关键还得靠我们党自己。”[②]

2022年1月18日，习近平总书记在十九届中央纪委六次全会上发表重要讲话，再次谈及自我革命这一中国共产党跳出历史周期率的“第二个答案”。习近平总书记为什么强调跳出历史周期率的“第二个答案”？是因为办好中国的事情，关键在党，关键在党要管党、全面从严治党。放眼全球，我们正面临百年未有之大变局，国内来自政治、经济、意识形态、自然界等方面的风险挑战考验是长期的，党内存在的思想不纯、政治不纯、组织不纯、作风不纯等突出问题尚未得到根本解决，党要领导广大人民群众实现中华民族伟大复兴，必须以正视问题的勇气和刀刃向内的自觉，除强调发展人民民主外，还

① 《习近平谈治国理政》第4卷，外文出版社2022年版，第543页。
② 习近平：《更好把握和运用党的百年奋斗历史经验》，《求是》2022年第13期。

要不断推进党的自我革命，以新时代党的自我革命引领新的伟大社会革命。

正基于此，在党的二十大上，习近平总书记指出："经过不懈努力，党找到了自我革命这一跳出治乱兴衰历史周期率的第二个答案，自我净化、自我完善、自我革新、自我提高能力显著增强，管党治党宽松软状况得到根本扭转，风清气正的党内政治生态不断形成和发展，确保党永远不变质、不变色、不变味。"[①]这就是中国共产党人对跳出治乱兴衰历史周期率给出的第二个答案。

自我革命，是基于我们党百年奋斗的历史经验，特别是党的十八大以来全面从严治党的实践经验而作出的坚定回答，是基于中国历代王朝兴衰存亡的正反面经验教训而作出的坚定回答，是基于马克思主义哲学关于事物发展内外因辩证规律而作出的坚定回答，是基于马克思主义政党的内在本质属性而作出的坚定回答，是基于中国共产党人的初心使命而作出的坚定回答。

---

① 习近平：《高举中国特色社会主义伟大旗帜 为全面建设社会主义现代化国家而团结奋斗——在中国共产党第二十次全国代表大会上的报告》，人民出版社 2022 年版，第 14 页。

第二章

“自我革命”的理论渊源与丰富内涵

革命有狭义和广义之分。狭义上的革命是指一个阶级推翻另一个阶级的暴动，是暴烈的行动；广义上的革命是指某种事物所发生的根本性变革。毫无疑问，党的自我革命是一种广义上的革命，指的是我们党自己所开展的以解决党内矛盾和问题为目的，从而使党经历革命性锻造、发生根本性变革的活动。因为堡垒最容易从内部攻破，如何保持党的先进性和纯洁性，如何使党内部不变质、不变色、不变味，如何不断防范被瓦解、被分化的危险，就要敢于直面问题、勇于修正错误，继续发扬彻底革命精神，真枪真刀解决自身的问题，在全面从严治党的实践中，把党锻造得更加坚强。

党的二十大报告指出："中国共产党人深刻认识到，只有把马克思主义基本原理同中国具体实际相结合、同中华优秀传统文化相结合，坚持运用辩证唯物主义和历史唯物主义，才能正确回答时代和实践提出的重大问题，才能始终保持马克思主义的蓬勃生机和旺盛活力。"[①]"自我革命"理论的提出，正是"两个结合"的生动呈现。马克思主义经典作家为自我革命理论指明了政治方向，中华优秀传统文化为自我革命理论提供了丰厚滋养。与此同时，我们党的老一辈无产阶级革命家在毕生革命奋斗中，也为自我革命理论作出了宝贵的探索。党的十八大以来，以习近平同志为核心的党中央，在新时代全面从严治党的伟大实践中，找

① 习近平：《高举中国特色社会主义伟大旗帜 为全面建设社会主义现代化国家而团结奋斗——在中国共产党第二十次全国代表大会上的报告》，人民出版社 2022 年版，第 17 页。

到了跳出治乱兴衰历史周期率的第二个答案，提出了“自我革命”的重大战略思想，形成了“自我革命”的重大理论成果。

一、马克思主义经典作家关于自我革命的思想

马克思主义是我们党的根本指导思想，中国共产党勇于自我革命的政治勇气、鲜明品格和实践精神，来源于马克思主义理论的人民性、批判性和彻底性。可以说，马克思主义经典作家关于自我革命的思想，为新时代党的自我革命理论的形成，提供了重要的理论依据。

人民性是马克思主义政党敢于自我革命的政治勇气的根本来源。马克思、恩格斯曾在《共产党宣言》中论述了无产阶级革命和无产阶级革命党的特点，指出：“过去的一切运动都是少数人的，或者为少数人谋利益的运动。无产阶级的运动是绝大多数人的，为绝大多数人谋利益的独立的运动。”“共产党人不是同其他工人政党相对立的特殊政党。”“他们没有任何同整个无产阶级的利益不同的利益。”[①]他们不提出任何特殊的原则，用以塑造无产阶级的运动。共产党人同其他无产阶级政党不同的地方是：一方面，在无产者不同的民族的斗争中，共产党人强调和坚持整个无产阶级共同的不分民族的利益；另一方面，在无产阶级和资产阶级的斗争所经历的各个发展阶段上，共产党人始终代表整个运动的利益。因此，“在实践方面，共产党人是各国工人政党中最坚决的、始终起推动作用的部分；在理论方面，他们胜过其余无产阶级群众

① 马克思、恩格斯：《共产党宣言》，人民出版社 2018 年版，第 39、41 页。

的地方在于他们了解无产阶级运动的条件、进程和一般结果。”[①] 共产党人的最近目的是和其他一切无产阶级政党的最近目的一样的：使无产阶级形成为阶级，推翻资产阶级的统治，由无产阶级夺取政权。1883 年 6 月，在马克思逝世后，恩格斯怀着悲痛之心为德文版《共产党宣言》作序，鲜明指出了无产阶级的彻底的革命性，即被剥削被压迫的阶级（无产阶级），如果不同时使整个社会一劳永逸地摆脱一切剥削、压迫以及阶级差别和阶级斗争，就不能使自己从进行剥削和统治的那个阶级（资产阶级）的奴役下解放出来。恩格斯认为，包括无产阶级彻底革命性在内的马克思所创立的这些重要思想，“对历史学必定会起到像达尔文学说对生物学所起的那样的作用”[②]。

批判性，特别是自我批判精神，是马克思主义政党自我革命的重要手段。马克思认为，无产阶级政党与其他政党不同的地方，就是在于它的自我批判精神，它“经常自己批判自己”。在《路易·波拿巴的雾月十八日》中，马克思指出：无产阶级革命“经常自我批判，往往在前进中停下脚步，返回到仿佛已经完成的事情上去，以便重新开始把这些事情再做一遍；它十分无情地嘲笑自己的初次行动的不彻底性、弱点和拙劣”。[③] 在《德意志意识形态》中，马克思、恩格斯指出：“革命之所以必需，不仅是因为没有任何其他的办法能够推翻统治阶级，而且还因为推翻统治阶级的那个阶级，只有在革命中才能抛掉自己身上的一切陈旧的肮脏东西，才能胜任重建社会的工作。”[④] 恩格斯曾经指出：“无产阶级要在决定关头强大到足以取得胜利，就必须

① 马克思、恩格斯：《共产党宣言》，人民出版社 2018 年版，第 41 页。
② 马克思、恩格斯：《共产党宣言》，人民出版社 2018 年版，第 7 页。
③ 《马克思恩格斯选集》第 1 卷，人民出版社 2012 年版，第 672 页。
④ 《马克思恩格斯选集》第 1 卷，人民出版社 2012 年版，第 171 页。

（马克思和我从 1847 年以来就坚持这种立场）组成一个不同于其他所有政党并与它们对立的特殊政党，一个自觉的阶级政党。”[①]“一个自觉的阶级政党”，就包括了马克思主义政党对党自身的优势、长处、缺点、弱点等方面的清醒认知，就包括了党自身必须坚持实事求是，勇于承认自身错误，在实践中勇于与各种非无产阶级思想进行斗争并不断完善自己、提高自己。

在领导俄国革命和苏维埃政权的早期建设中，列宁对无产阶级政党的先进性和纯洁性建设高度重视，对无产阶级政党始终保持斗争精神的政治本色高度重视。在《怎么办？（我们运动中的迫切问题）》中，列宁指出：“只有以先进理论为指南的党，才能实现先进战士的作用。”[②]俄国无产阶级将要遇到无比严峻的考验，将要同凶猛的怪物作斗争，宪制国家中的非常法同这个怪物比较起来，真是小巫见大巫。历史现在向我们提出的当前任务，是比其他任何一个国家的无产阶级的一切当前任务都更革命的任务。实现这个任务，即摧毁这个不仅是欧洲的同时也是（我们现在可以这样说）亚洲的反动势力的最强大的堡垒，就会使俄国无产阶级成为国际革命无产阶级的先锋队。而我们有理由指望，只要我们能够用我们的先驱者即 70 年代的革命家那种献身的决心和毅力，来鼓舞我们的比当时更广阔和更深刻千百倍的运动，我们就一定能够获得我们的先驱者在当时已经享有的这个光荣称号。在这里，列宁强调了“革命家那种献身的决心和毅力”，其实就包含了勇于投身革命和勇于自我革命的精神。在《工人国家和征收党员周》一文中，列宁指出：“徒有其名的党员，就是白给，我们

① 《马克思恩格斯选集》第 4 卷，人民出版社 2012 年版，第 592 页。
② 《列宁选集》第 1 卷，人民出版社 2012 年版，第 312 页。

也不要。世界上只有我们这样的执政党，即革命工人阶级的党，才不追求党员数量的增加，而注意党员质量的提高和清洗‘混进党里来的人’。”①

特别是在《共产主义运动中的“左派”幼稚病》中，列宁指出：“无产阶级专政是新阶级对更强大的敌人，对资产阶级进行的最奋勇和最无情的战争。资产阶级的反抗，由于资产阶级被推翻（哪怕是在一个国家内）而凶猛十倍；资产阶级的强大不仅在于国际资本的力量，在于它的各种国际联系牢固有力，而且还在于习惯的力量，小生产的力量。这是因为世界上可惜还有很多很多小生产，而小生产是经常地、每日每时地、自发地和大批地产生着资本主义和资产阶级的。由于这一切原因，无产阶级专政是必要的，不进行长期的、顽强的、拼命的、殊死的战争，不进行需要坚持不懈、纪律严明、坚定不移、百折不挠和意志统一的战争，便不能战胜资产阶级。”列宁继续强调：“再说一遍，俄国无产阶级专政取得胜利的经验向那些不善于思索或不曾思索过这一问题的人清楚地表明，无产阶级实现无条件的集中和极严格的纪律，是战胜资产阶级的基本条件之一。”②

同时，列宁论述了无产阶级革命政党的纪律是靠什么来维持的，是靠什么来检验的，是靠什么来加强的。也就是：“第一，是靠无产阶级先锋队的觉悟和它对革命的忠诚，是靠它的坚韧不拔、自我牺牲和英雄气概。第二，是靠它善于同最广大的劳动群众，首先是同无产阶级劳动群众，但同样也同非无产阶级劳动群众联系、接近，甚至可以说在某种程度上同他们打成一片。第三，是靠这个先锋队所实行的政治领导正

① 《列宁选集》第4卷，人民出版社2012年版，第51页。
② 《列宁选集》第4卷，人民出版社2012年版，第135页。

确，靠它的政治战略和策略正确，而最广大的群众根据切身经验也确信其正确。一个革命政党，要真正能够成为必将推翻资产阶级并改造整个社会的先进阶级的政党，没有上述条件，就不可能建立起纪律。没有这些条件，建立纪律的企图，就必然会成为空谈，成为漂亮话，成为装模作样。可是另一方面，这些条件又不能一下子就产生。只有经过长期的努力和艰苦的实践才能造成这些条件；正确的革命理论——而理论并不是教条——会使这些条件容易造成，但只有同真正群众性的和真正革命的运动的实践密切地联系起来，这些条件才能最终形成。”①

在这部光辉的经典著作中，列宁还指出：“一个政党对自己的错误所抱的态度，是衡量这个党是否郑重，是否真正履行它对本阶级和劳动群众所负义务的一个最重要最可靠的尺度。公开承认错误，揭露犯错误的原因，分析产生错误的环境，仔细讨论改正错误的方法——这才是一个郑重的党的标志，这才是党履行自己的义务，这才是教育和训练阶级，进而又教育和训练群众。”②

马克思主义经典作家尤其注重党的自我革命问题，并从马克思主义政党的本质属性、外部环境、自身建设等多个方面进行了论述，为中国共产党提出自我革命理论奠定了原理性的重要基础。

二、老一辈革命家关于自我革命的重要论述

党的二十大报告强调：“坚持和发展马克思主义，必须同中国具

① 《列宁选集》第 4 卷，人民出版社 2012 年版，第 136 页。
② 《列宁选集》第 4 卷，人民出版社 2012 年版，第 167 页。

体实际相结合。我们坚持以马克思主义为指导，是要运用其科学的世界观和方法论解决中国的问题，而不是要背诵和重复其具体结论和词句，更不能把马克思主义当成一成不变的教条。我们必须坚持解放思想、实事求是、与时俱进、求真务实，一切从实际出发，着眼解决新时代改革开放和社会主义现代化建设的实际问题，不断回答中国之问、世界之问、人民之问、时代之问，作出符合中国实际和时代要求的正确回答，得出符合客观规律的科学认识，形成与时俱进的理论成果，更好指导中国实践。”①

在党的百年奋斗历程中，以毛泽东、刘少奇、周恩来、朱德、任弼时、邓小平、陈云为代表的老一辈无产阶级革命家，在领导中国革命、建设、改革的过程中，就党的自我革命的重大理论和实践问题进行了不懈探索，形成了“三大作风”“两个务必”“共产党员的自我修养”等一大批标志性的理论创新成果，为新时代党的自我革命理论的形成，提供了重要的实践依据。

1945 年 4 月 24 日，毛泽东在党的七大上作《论联合政府》的政治报告，强调：“我们的党从它一开始，就是一个以马克思列宁主义的理论为基础的党，这是因为这个主义是全世界无产阶级的最正确最革命的科学思想的结晶。马克思列宁主义的普遍真理一经和中国革命的具体实践相结合，就使中国革命的面目为之一新，产生了新民主主义的整个历史阶段。以马克思列宁主义的理论思想武装起来的中国共产党，在中国人民中产生了新的工作作风，这主要的就是理论和实践

① 习近平：《高举中国特色社会主义伟大旗帜 为全面建设社会主义现代化国家而团结奋斗——在中国共产党第二十次全国代表大会上的报告》，人民出版社 2022 年版，第 17—18 页。

相结合的作风，和人民群众紧密地联系在一起的作风以及自我批评的作风。”[①] 这就是“三大作风”的来源。毛泽东还指出，理论和实践这样密切地相结合，和最广大的人民群众取得最密切的联系，有无认真的自我批评，是我们共产党人区别于其他任何政党的三个显著标志。

特别是针对自我批评的优良作风和显著标志，毛泽东采用了生动的比喻，强调说：“我们曾经说过，房子是应该经常打扫的，不打扫就会积满了灰尘；脸是应该经常洗的，不洗也就会灰尘满面。我们同志的思想，我们党的工作，也会沾染灰尘的，也应该打扫和洗涤。‘流水不腐，户枢不蠹’，是说它们在不停的运动中抵抗了微生物或其他生物的侵蚀。”同时，他还肯定了以“惩前毖后、治病救人”为方针的整风运动取得了很好的效果，它“之所以发生了很大的效力，就是因为我们在这个运动中展开了正确的而不是歪曲的、认真的而不是敷衍的批评和自我批评”。[②] 毛泽东还连续用了三个反问，进一步强化自我批评的优良作风，这就是：“以中国最广大人民的最大利益为出发点的中国共产党人，相信自己的事业是完全合乎正义的，不惜牺牲自己个人的一切，随时准备拿出自己的生命去殉我们的事业，难道还有什么不适合人民需要的思想、观点、意见、办法，舍不得丢掉的吗？难道我们还欢迎任何政治的灰尘、政治的微生物来玷污我们的清洁的面貌和侵蚀我们的健全的肌体吗？无数革命先烈为了人民的利益牺牲了他们的生命，使我们每个活着的人想起他们就心里难过，难道我们还有什么个人利益不能牺牲，还有什么错误不能抛弃吗？”[③]

① 《毛泽东选集》第 3 卷，人民出版社 1991 年版，第 1093 —1094 页。
② 《毛泽东选集》第 3 卷，人民出版社 1991 年版，第 1096 页。
③ 《毛泽东选集》第 3 卷，人民出版社 1991 年版，第 1096 —1097 页。

1948 年 9 月至 1949 年 1 月，经过浴血奋战，我们党领导中国人民解放军同国民党军队进行了辽沈战役、淮海战役、平津战役三场战略性战役，并夺取了最终胜利，推动了中国革命迎来新的重大历史转折。三大战役的伟大胜利，使得党领导的人民革命在全国胜利已成定局，建立新中国的任务被提上日程。面对这个重大历史转折，党中央和毛泽东深刻认识到，必须使全党同志在胜利面前保持清醒头脑，在夺取全国政权后经受住执政考验，防止出现骄傲自满、贪图享乐、脱离群众而导致人亡政息的危险。

1939 年 7 月 8 日，在张闻天的邀请下，刘少奇到延安马克思列宁学院作题为《论共产党员的修养》的演讲。在演讲中，他在讲到共产党员为什么要进行修养的时候，指出："我们的党员，不但要在艰苦的、困难的以至失败的革命实践中来锻炼自己，加紧自己的修养，而且要在顺利的、成功的、胜利的革命实践中来锻炼自己，加紧自己的修养。有些党员受不起成功和胜利的鼓励，在胜利中昏头昏脑，因而放肆、骄傲、官僚化，以至动摇、腐化和堕落，完全失去他原有的革命性。这在我们共产党员中，是个别的常见的事。党内这种现象的存在，应该引起我们党员严重的警惕。"① 刘少奇继续强调："在无产阶级革命家出现以前，历代的革命者，一到他们进行的事业得到胜利和成功以后，少有不腐化、不堕落的。他们失去了原有的革命性，成为革命进一步发展的障碍物。在中国近百年的历史中，或者说得更近些，在近五十年的历史中，我们看到许多资产阶级和小资产阶级革命者，在得到了某些成就，爬上了当权的位置以后，就腐化堕落下去。这是

① 刘少奇：《论共产党员的修养》，人民出版社 2018 年版，第 9 页。

由历代革命者的阶级基础所决定的，由过去革命的性质所决定的。在俄国伟大十月社会主义革命以前世界历史上的一切革命，结果总是一个剥削阶级的统治由另一个剥削阶级的统治所代替。所以，历代的革命者，在他们成为统治阶级以后，就失去他们的革命性，反转头来压迫被剥削的群众，这是一种必然的规律。”①

在演讲中，刘少奇还指出：“然而，对于无产阶级革命来说，对于我们共产党来说，无论如何决不能是这样。无产阶级革命是消灭一切剥削、一切压迫、一切阶级的革命。共产党所代表的是被剥削而不剥削别人的无产阶级，它能够使革命进行到底，从人类社会中最后消灭一切剥削，清除一切腐化、堕落的现象。它能够建立有严格组织纪律的党，建立又有集中又有民主的国家机关，经过这样的党和国家机关，领导广大人民群众，来和一切腐化、堕落的现象进行不调和的斗争，不断地从党内和国家机关中清洗那些已经腐化、堕落的分子（不管这种分子是作了多大的‘官’），而保持党和国家机关的纯洁。无产阶级革命的这一特点，无产阶级革命党的这一特点，是历代革命和历代革命党所没有的，而且也不能有的。我们的党员必须清楚了解这一特点，特别注意在革命胜利和成功的时候，在群众对自己的信仰和拥护不断提高的时候，更要提高警惕，更要加紧自己的无产阶级意识的修养，始终保持自己纯洁的无产阶级的革命品质，而不蹈历代革命者在成功时的覆辙。”②

为了“不蹈历代革命者在成功时的覆辙”，在《论共产党员的修养》中，刘少奇强调了革命实践的锻炼和修养的重要性，指出：“革

① 刘少奇：《论共产党员的修养》，人民出版社 2018 年版，第 9—10 页。
② 刘少奇：《论共产党员的修养》，人民出版社 2018 年版，第 10—11 页。

命实践的锻炼和修养，无产阶级意识的锻炼和修养，对于每一个党员都是重要的，而在取得政权以后更为重要。我们共产党不是天上掉下来的，而是从中国社会中产生的。每个党员都是从中国社会中来的，并且今天还是生活在这个社会中，还经常和这个社会中一切不好的东西接触。不论是无产阶级或是非无产阶级出身的党员，不论是老党员或是新党员，他们会或多或少地带有旧社会的思想意识和习惯，这是不奇怪的。为了保持我们无产阶级的先锋战士的纯洁，提高我们的革命品质和工作能力，每个党员都必须从各方面加强自己的锻炼和修养。”[1]

刘少奇深刻揭示了在无产阶级革命家出现以前，中国历代革命者包括近代以来的资产阶级和小资产阶级革命者，为什么“一到他们进行的事业得到胜利和成功以后，少有不腐化、不堕落的”，为什么“他们失去了原有的革命性，成为革命进一步发展的障碍物”，其根本原因就是“这是由历代革命者的阶级基础所决定的，由过去革命的性质所决定的”。而放眼全世界，在俄国伟大十月社会主义革命以前的世界历史上的一切革命，也出现了“一个剥削阶级的统治由另一个剥削阶级的统治所代替”的现象。究其缘由，也是“历代的革命者，在他们成为统治阶级以后，就失去他们的革命性，反转头来压迫被剥削的群众，这是一种必然的规律”。

在这里，刘少奇其实揭示了发生兴衰成败、治乱更迭的历史周期率的内在必然原因，也指明了跳出这一历史周期率的内在必然选择。特别是对于无产阶级革命党而言，其阶级基础就是最广大人民群众，党代表的就是最广大人民群众的根本利益，因此“共产党所代表的是

① 刘少奇：《论共产党员的修养》，人民出版社 2018 年版，第 11—12 页。

被剥削而不剥削别人的无产阶级，它能够使革命进行到底，从人类社会中最后消灭一切剥削，清除一切腐化、堕落的现象”。但同时，由于“我们共产党不是天上掉下来的，而是从中国社会中产生的。每个党员都是从中国社会中来的，并且今天还是生活在这个社会中，还经常和这个社会中一切不好的东西接触”，所以，“为了保持我们无产阶级的先锋战士的纯洁，提高我们的革命品质和工作能力，每个党员都必须从各方面加强自己的锻炼和修养”。这也就道出了中国共产党能够跳出历史周期率、必须进行自我革命的根本原因所在。

1943 年 3 月 18 日，周恩来在整风学习中写下了《我的修养要则》：“一、加紧学习，抓住中心，宁精勿杂，宁专勿多。二、努力工作，要有计划，有重点，有条理。三、习作合一，要注意时间、空间和条件，使之配合适当，要注意检讨和整理，要有发现和创造。四、要与自己的他人的一切不正确的思想意识作原则上坚决的斗争。五、适当的发扬自己的长处，具体的纠正自己的短处。六、永远不与群众隔离，向群众学习，并帮助他们。过集体生活，注意调研，遵守纪律。七、健全自己身体，保持合理的规律生活，这是自我修养的物质基础。”[①] 周恩来的这七条修养要则，就是共产党人自我革命的生动写照。

新中国成立后，1956 年 9 月 16 日，在党的八大上，邓小平在《关于修改党的章程的报告》中明确提出了执政条件下加强党的建设问题，强调：“执政党的地位，使我们党面临着新的考验。”从新中国成立到党的八大召开，我们党经受住了这种考验，国家在各方面的进

① 《周恩来传（1898—1976）》（上），中央文献出版社 2008 年版，第 617 页。

步是很显著的，绝大多数党员在自己的工作岗位上是努力的，工作是有成绩的。但是，这七年的经历同样告诉我们，“执政党的地位，很容易使我们同志沾染上官僚主义的习气”。脱离实际和脱离群众的危险，对于党的组织和党员来说，不是比过去减少而是比过去增加了。而脱离实际和脱离群众的结果，必然会发展主观主义，即教条主义和经验主义的错误，这种错误在我们党内也不是比前几年减少而是比前几年增加了。邓小平认为：“执政党的地位，还很容易在共产党员身上滋长着一种骄傲自满的情绪。”①有一些党员，稍稍有点工作成绩，就自以为了不起，就看不起别人，看不起群众，看不起党外人士，似乎当了共产党员，就比非党群众高出一头，有的人还喜欢以领导者自居，喜欢站在群众之上发号施令，遇事不愿意同群众商量。这实际上是一种狭隘的宗派主义倾向，也是一种最脱离群众的危险倾向。

针对这种情况，邓小平提出：“党必须经常注意进行反对主观主义、官僚主义和宗派主义的斗争，经常警戒脱离实际和脱离群众的危险。”②为此，党除了应该加强对于党员的思想教育之外，更重要的还在于从各方面加强党的领导作用，并且从国家制度和党的制度上作出适当的规定，以便对于党的组织和党员实行严格的监督。我们需要实行党的内部的监督，也需要来自人民群众和党外人士对于我们党的组织和党员的监督。同时，他认为，无论党内的监督和党外的监督，其关键都在于发展党和国家的民主生活，发扬我们党的传统作风，这就是毛泽东在党的七大的政治报告中所提倡的“理论和实践相结合的作风，和人民群众紧密地联系在一起的作风以及自我批评的作风”。

---

① 《邓小平文选》第 1 卷，人民出版社 1994 年版，第 214 页。
② 《邓小平文选》第 1 卷，人民出版社 1994 年版，第 215 页。

老一辈无产阶级革命家为了建设好共产党，以身作则、率先垂范，以自我革命精神剖析自己、完善自己，并为推进党的建设新的伟大工程、推进党的自我革命，进行了不懈的理论探索和实践探索，是新时代共产党人的模范和榜样。

三、中华优秀传统文化关于自我革命的土壤基因

党的二十大报告指出：“坚持和发展马克思主义，必须同中华优秀传统文化相结合。只有植根本国、本民族历史文化沃土，马克思主义真理之树才能根深叶茂。中华优秀传统文化源远流长、博大精深，是中华文明的智慧结晶，其中蕴含的天下为公、民为邦本、为政以德、革故鼎新、任人唯贤、天人合一、自强不息、厚德载物、讲信修睦、亲仁善邻等，是中国人民在长期生产生活中积累的宇宙观、天下观、社会观、道德观的重要体现，同科学社会主义价值观主张具有高度契合性。我们必须坚定历史自信、文化自信，坚持古为今用、推陈出新，把马克思主义思想精髓同中华优秀传统文化精华贯通起来、同人民群众日用而不觉的共同价值观念融通起来，不断赋予科学理论鲜明的中国特色，不断夯实马克思主义中国化时代化的历史基础和群众基础，让马克思主义在中国牢牢扎根。”[①]

早在 1938 年，毛泽东在《中国共产党在民族战争中的地位》一文中就指出，从孔夫子到孙中山，我们应当给以总结，承继这一份珍

① 习近平：《高举中国特色社会主义伟大旗帜 为全面建设社会主义现代化国家而团结奋斗——在中国共产党第二十次全国代表大会上的报告》，人民出版社 2022 年版，第 18 页。

贵的遗产。在党的七大上，毛泽东强调："对于我们，经常地检讨工作，在检讨中推广民主作风，不惧怕批评和自我批评，实行'知无不言，言无不尽'，'言者无罪，闻者足戒'，'有则改之，无则加勉'这些中国人民的有益的格言，正是抵抗各种政治灰尘和政治微生物侵蚀我们同志的思想和我们党的肌体的唯一有效的方法。"[①]"中国人民的有益的格言"，其实就是中华优秀传统文化传承下来的优秀基因。毛泽东在其著述和讲话中，还多次引用了中国神话传说、中国历史人物，用于阐释党的理论和路线方针政策。比如，1938 年 4 月，毛泽东在抗大第三期第二大队毕业典礼上曾借《西游记》里唐僧师徒的不同特点说过一段富有哲理、饱含深意的话：唐僧这个人，一心一意去西天取经，遭受九九八十一难，百折不回，他的方向是坚定的。但他也有缺点，麻痹，警惕性不高，敌人换个花样就不认识了。猪八戒有许多缺点，但有一个优点，就是艰苦，七绝山臭稀柿胡同就是他拱开的。孙悟空很灵活，很机智，但他最大的缺点就是方向不坚定，三心二意。你们别小看了那匹小白龙马，它不图名，不为利，埋头苦干，把唐僧一直驮到西天，把经取回来，这是一种朴素、踏实的作风，是值得我们取法的。

在毛泽东一生读过的大量文史典籍中，《南史·韦睿传》是他批注最多的一篇历史人物传记。韦睿（442—520），字怀文，南朝梁武帝时名将。汉族，原籍京兆杜陵（今陕西西安东南）人，曾祖时迁至襄阳（今属湖北）。其家族是三辅地区有名的大姓。在宋、齐时并没有突出表现。宋时为右军将军、辅国将军等职。韦睿是有光武、周

① 《毛泽东选集》第 3 卷，人民出版社 1991 年版，第 1096 页。

瑜之风的名将，指挥果断，谋略过人。韦睿打仗，能攻善守，胆识过人；韦睿领兵，善抚士卒，军法严明。北魏人害怕他，称他为“韦虎”。毛泽东读《南史·韦睿传》，在该传的天头上画了四个圈，特意标写了“梁将韦睿传”五个大字。在正文中，毛泽东除用铅笔圈画外，仅文字批注就多达 24 处，处处透露出对韦睿其人的赞赏之意。其中，就有毛泽东写下的“我党干部应学韦睿作风”的批语。这些作风包括：一是“躬自调查研究”的求真务实之风。公元 505 年，韦睿领兵攻打北魏时，亲自环绕围栅察看敌情。毛泽东在“睿巡行围栅”处加了旁圈，并批道“躬自调查研究”，又在“躬自”两字旁加了圈，以加重亲自做调查研究的重要意义。二是“有前无却”的勇往直前之风。公元 506 年，韦睿受命率部解钟离之围，昼夜兼程赶赴前线。部下劝他缓行，韦睿认为情况危急，怎能放慢行军速度呢？对韦睿的临危不惧，敢于以寡敌众的气概，毛泽东甚为赞赏，将他与刘秀、周瑜相提并论，批道“敢以数万敌百万，有刘秀、周瑜之风”。三是“机不可失”的果断决策之风。读到传记中叙述韦睿准备攻击从魏城跑出来的数百人时，毛泽东写下了“以众击少”的批语。韦睿的部下曾以没有准备而劝阻他，但韦睿认为这些人是守城的骁勇之辈，如能击败，其城自克。毛泽东在这里画了三个圈，批道“机不可失”。众将依然犹豫，韦睿持节施令，毛泽东逐字旁圈，批曰：“决心。”攻城的胜利结果说明，韦睿的分析和决断是正确的。四是“劳谦君子”的勤勉率下之风。韦睿是一个很敬业的将领。他善于治军，常常白天接待宾客，通宵达旦研读军书；他安抚部下，常恐不及，所以投奔应募之士争先归附。在这一段，毛泽东逐字旁圈，并作了“劳谦君子”的四字批语。五是“不要私斗”的讲求团结之风。韦睿十分注重部将的团结合作。他担心前线将帅（胡景略与赵祖悦）不和，难免招致祸端，便亲自劝说胡景略，晓以利害，希望他与赵祖悦之间“两虎不要再私斗”。毛泽东在此处批注“干部需和”，赞扬了韦睿善于团结部下的作风。六是“不事贪财”的廉洁仁厚之风。《南史 · 韦睿传》中说道，一次魏军城破，俘虏万余，并缴获不少军用物资。但对缴获的物资，韦睿丝毫不取。毛泽东对此批道“不贪财”。韦睿后来辞官回家，把历年所得俸禄均分送给亲朋故友，家中没有多余的财产。毛泽东称赞他廉洁仁厚，加批“仁者必有勇”。名将韦睿身上的六个方面的优良作风，其实就是毛泽东希望我们共产党人通过勇于自我革命而具备的六个方面的优良作风。

中华文明绵延数千年，有其独特的价值体系。中华优秀传统文化已经成为中华民族的基因，植根在中国人内心，潜移默化影响着中国人的思想方式和行为方式。比如，在社会主义核心价值观方面，富强、民主、文明、和谐，自由、平等、公正、法治，爱国、敬业、诚信、友善，传承着中华优秀传统文化的基因，寄托着近代以来中国人民上下求索、历经千辛万苦确立的理想和信念，也承载着我们每个人的美好愿景。而 24 个字的社会主义核心价值观，其实与中华优秀传统文化息息相关。比如，中华优秀传统文化强调“民惟邦本”“天人合一”“和而不同”；强调“天行健，君子以自强不息”“大道之行也，天下为公”；强调“天下兴亡，匹夫有责”，主张以德治国、以文化人；强调“君子喻于义”“君子坦荡荡”“君子义以为质”；强调“言必信，行必果”“人而无信，不知其可也”；强调“德不孤，必有邻”“仁者爱人”“与人为善”“己所不欲，勿施于人”“出入相友，守望相助”“老吾老以及人之老，幼吾幼以及人之幼”“扶贫济困”“不患寡而患不均”；等等。

在党的自我革命方面，中华优秀传统文化为这一理论的形成提供了丰厚的滋养。比如，儒家说的“吾日三省吾身”“君子博学而日参省乎己”“见贤思齐焉，见不贤而内自省也”等，就蕴含着中华优秀传统文化中的自我反省、自我反思的优秀基因。《论语》有言，“君子之过也，如日月之食焉；过也，人皆见之；更也，人皆仰之”。这句话的意思是说，一个人有过错了，就像日食和月食那样明显，人们都会发现；而如果过错改正了，人们就会仰慕他。2020 年 1 月 8 日，习近平总书记在“不忘初心、牢记使命”主题教育总结大会上也引用了《论语》中的这句话，并指出“必须以正视问题的勇气和刀刃向内的自觉不断推进党的自我革命”“敢于直面问题、勇于修正错误，是我们党的显著特点和优势”。

再比如，中华优秀传统文化中的廉政文化，中国历代统治者为了维护统治地位都十分重视道德建设特别是为政者的道德建设。古人认为：“才者，德之资也；德者，才之帅也。”“为政以德，譬如北辰，居其所而众星共之。”要“格物、致知、诚意、正心、修身、齐家、治国、平天下”。“政者，正也。子帅以正，孰敢不正”“富贵不能淫，贫贱不能移，威武不能屈”“克勤于邦，克俭于家”“儆戒无虞，罔失法度。罔游于逸，罔淫于乐”“直而温，简而廉”“公生明，廉生威”“无教逸欲有邦，兢兢业业”等等。这些都是中国历史上留下的优秀思想文化遗产，至今仍然对坚持党的领导、加强党的建设、勇于自我革命具有重要的启发价值和意义。

习近平总书记强调：“文化自信，是更基础、更广泛、更深厚的自信，是更基本、更深沉、更持久的力量。坚定文化自信，是事关国运兴衰、事关文化安全、事关民族精神独立性的大问题。”[①] 在 5000 多年文明发展中孕育的中华优秀传统文化，在党和人民伟大斗争中孕育的革命文化和社会主义先进文化，积淀着中华民族最深层的精神追求，代表着中华民族独特的精神标识。2017 年 1 月 6 日，在十八届中央纪委七次全会上的讲话中，习近平总书记强调：“领导干部要不忘初心、坚守正道，必须坚定文化自信。没有中华优秀传统文化、革命文化、社会主义先进文化的底蕴和滋养，信仰信念就难以深沉而执着。”2022 年初，中共中央办公厅印发的《关于加强新时代廉洁文化建设的意见》强调，党中央高度重视廉洁文化建设，强调反对腐败、建设廉洁政治，是我们党一贯坚持的鲜明政治立场，是党自我革命必须长期抓好的重大政治任务。全面从严治党，既要靠治标，猛药去疴，重典治乱；也要靠治本，正心修身，涵养文化，守住为政之本。必须站在勇于自我革命、保持党的先进性和纯洁性的高度，把加强廉洁文化建设作为一体推进不敢腐、不能腐、不想腐的基础性工程抓紧抓实抓好，为推进全面从严治党向纵深发展提供重要支撑。要厚植廉洁奉公文化基础，用革命文化淬炼公而忘私、甘于奉献的高尚品格，用社会主义先进文化培育为政清廉、秉公用权的文化土壤，用中华优秀传统文化涵养克己奉公、清廉自守的精神境界。

中华优秀传统文化赓续着我们国家和民族的精神血脉，形成了富有特色的思想文化体系，体现了中国人几千年来积累的知识智慧和理性思辨，为新时代党的自我革命理论提供了宝贵的文化基因。

---

① 习近平：《论党的宣传思想工作》，中央文献出版社 2020 年版，第 261 页。

四、新时代党的自我革命理论的形成过程与丰富内涵

2012年11月，党的十八大报告在第十二部分“全面提高党的建设科学化水平”的论述中，首次提出了“四自能力”的重要概念，强调全党要增强紧迫感和责任感，牢牢把握加强党的执政能力建设、先进性和纯洁性建设这条主线，坚持解放思想、改革创新，坚持党要管党、从严治党，全面加强党的思想建设、组织建设、作风建设、反腐倡廉建设、制度建设，“增强自我净化、自我完善、自我革新、自我提高能力”，建设学习型、服务型、创新型的马克思主义执政党，确保党始终成为中国特色社会主义事业的坚强领导核心。

党的十八大以来，以习近平同志为核心的党中央，高度重视党的自身建设问题，在全面从严治党的实践中，形成了党的自我革命的重大战略思想和重大理论。习近平总书记强调：“强大的政党是在自我革命中锻造出来的。回顾党的历史，我们党总是在推动社会革命的同时，勇于推动自我革命，始终坚持真理、修正错误，敢于正视问题、克服缺点，勇于刮骨疗毒、去腐生肌。正因为我们党始终坚持这样做，才能够在危难之际绝处逢生、失误之后拨乱反正，成为永远打不倒、压不垮的马克思主义政党。”[①]

新时代党的自我革命理论的提出过程，经历了一个从“打铁还需自身硬”，到“自我净化、自我完善、自我革新、自我提高能力”，再到“勇于自我革命”“自我革命精神”“自我革命的政治勇气”“在

① 《十九大以来重要文献选编》(中)，中央文献出版社2021年版，第379页。

进行社会革命的同时不断进行自我革命”“以党的自我革命来推动党领导人民进行的伟大社会革命”“以伟大自我革命引领伟大社会革命”等的过程，并形成了新时代鲜明的话语表达和特色的话语体系。

2012 年 11 月 15 日，在十八届中央政治局常委同中外记者见面时，习近平总书记强调：“全党必须警醒起来。打铁还需自身硬。”2013 年 6 月 18 日，在党的群众路线教育实践活动工作会议上，习近平总书记指出：“常言道，先禁己身而后人，打铁还需自身硬。”中央反复研究，决定把党的群众路线教育实践活动的主要任务聚焦到作风建设上，集中解决形式主义、官僚主义、享乐主义和奢靡之风这“四风”问题。为什么要聚焦到“四风”上呢？因为这“四风”是违背我们党的性质和宗旨的，是当前群众深恶痛绝、反映最强烈的问题，也是损害党群干群关系的重要根源。党内存在的其他问题都与这“四风”有关，或者说是这“四风”衍生出来的。“四风”问题解决好了，党内其他一些问题解决起来也就有了更好条件。同时，这次教育实践活动借鉴延安整风经验，明确提出“照镜子、正衣冠、洗洗澡、治治病”的总要求。这 4 句话、12 个字，概括起来就是要自我净化、自我完善、自我革新、自我提高，说起来简洁明了，但真正做到就不那么容易了。他同时要求县处级以上各级领导机关、领导班子、领导干部一定要当好表率，而这次教育实践活动从中央政治局先行开展，目的就是要起示范带动作用。

改革开放是决定当代中国命运的关键一招，也是决定实现“两个一百年”奋斗目标、实现中华民族伟大复兴的关键一招。2015 年 5 月 5 日，习近平总书记在中央全面深化改革领导小组第十二次会议上强调：“要教育引导各级领导干部自觉用‘四个全面’战略布局统一思想，正确把握改革大局，从改革大局出发看待利益关系调整，只要对全局改革有利、对党和国家事业发展有利、对本系统本领域形成完善的体制机制有利，都要自觉服从改革大局、服务改革大局，勇于自我革命，敢于直面问题，共同把全面深化改革这篇大文章做好。”[①] 这是习近平总书记关于“勇于自我革命”的较早论述。此后，习近平总书记多次采用“勇于自我革命”的表述，以强调全面深化改革的艰巨性、艰难性和彻底性。

2016 年 7 月 1 日，在庆祝中国共产党成立 95 周年大会上，习近平总书记强调：“改革往往都是从易到难。我们的改革要更加注重系统性、整体性、协同性，敢于涉深水区、啃硬骨头。我们要以勇于自我革命的气魄、坚忍不拔的毅力推进改革，敢于向积存多年的顽瘴痼疾开刀，敢于触及深层次利益关系和矛盾，坚决冲破思想观念束缚，坚决破除利益固化藩篱，坚决清除妨碍社会生产力发展的体制机制障碍。”[②] 同年 10 月，在中央全面深化改革领导小组第二十八次会议上的讲话中，习近平总书记指出，中央和国家机关有关部门是改革的责任主体，是推进改革的重要力量。各部门要坚决贯彻落实党中央决策部署，坚持以解放思想、解放和发展社会生产力、解放和增强社会活力为基本取向，强化责任担当，以自我革命的精神推进改革，坚决端正思想认识，坚持从改革大局出发，坚定抓好改革落实。

全面深化改革的领导者是中国共产党。全面深化改革永远在路上，只有勇于自我革命的执政党，才能在推动全面深化改革中勇于自

① 习近平：《论坚持全面深化改革》，中央文献出版社 2018 年版，第 161 页。
② 习近平：《在庆祝中国共产党成立 95 周年大会上的讲话》，人民出版社 2016 年版，第 17 页。

我革命。鉴于此，习近平总书记把自我革命理论引入党的自身建设领域，从而深化了党的自我革命理论，更加凸显出自我革命理论的重要性和迫切性。把自我革命理论引入党的自身建设领域，是在庆祝中国共产党成立 95 周年大会上。在这次大会上，习近平总书记鲜明指出："先进性和纯洁性是马克思主义政党的本质属性，我们加强党的建设，就是要同一切弱化先进性、损害纯洁性的问题作斗争，祛病疗伤，激浊扬清。全党要以自我革命的政治勇气，着力解决党自身存在的突出问题，不断增强党自我净化、自我完善、自我革新、自我提高能力，经受'四大考验'、克服'四种危险'，确保党始终成为中国特色社会主义事业的坚强领导核心。"[①]

改革开放是我们党的一次伟大觉醒，也是我们党领导的一场伟大社会革命。改革开放只有进行时，没有完成时，必须将改革开放进行到底。特别是进入新时代，改革开放和全面社会改革，其涵盖领域的广泛性、触及利益格局调整的深刻性、涉及矛盾和问题的尖锐性、突破体制机制障碍的艰巨性、进行伟大斗争形势的复杂性，都是前所未有的。这就要求"我们党只有在领导改革开放和社会主义现代化建设伟大社会革命的同时，坚定不移推进党的伟大自我革命"，敢于清除一切侵蚀党的健康肌体的病毒，不断增强党的政治领导力、思想引领力、群众组织力、社会号召力，才能确保改革开放和全面深化改革沿着正确的方向和道路前进。

党的十九大之后，2017 年 10 月 25 日，习近平总书记在十九届中央政治局常委同中外记者见面时的讲话中强调："实践充分证明，中

① 习近平：《在庆祝中国共产党成立 95 周年大会上的讲话》，人民出版社 2016 年版，第 22—23 页。

国共产党能够带领人民进行伟大的社会革命，也能够进行伟大的自我革命。”[①] 我们要永葆蓬勃朝气，永远做人民公仆、时代先锋、民族脊梁。全面从严治党永远在路上，不能有任何喘口气、歇歇脚的念头。我们将继续清除一切侵蚀党的健康肌体的病毒，大力营造风清气正的政治生态，以全党的强大正能量在全社会凝聚起推动中国发展进步的磅礴力量。

2018 年 4 月 23 日，习近平总书记在十九届中央政治局第五次集体学习时强调：“党要领导人民推进伟大社会革命、实现民族伟大复兴，就必须发扬自我革命精神，深入推进全面从严治党的决心不能动摇、要求不能降低、力度不能减弱。”[②] 要认真贯彻落实党的十九大提出的新时代党的建设总要求和重大部署，在整体推进党的各项建设的同时，重点解决党内出现的新问题，着力解决好人民群众反映强烈的形式主义、官僚主义问题，一些干部不敢为、不愿为、不会为的问题，一些基层党的建设弱化、虚化、边缘化的问题，等等，确保我们党永葆马克思主义政党本色、永远走在时代前列、永远做中国人民和中华民族的主心骨。

2019 年 1 月 11 日，在十九届中央纪委三次全会上，习近平总书记指出：“回顾改革开放四十年的历程，我们可以清楚看到，在进行社会革命的同时不断进行自我革命，是我们党区别于其他政党最显著的标志，也是我们党不断从胜利走向新的胜利的关键所在。四十年管党治党的经验深刻昭示我们：必须不断进行自我革

① 《习近平关于“不忘初心、牢记使命”论述摘编》，党建读物出版社、中央文献出版社 2019 年版，第 238 页。
② 《习近平关于“不忘初心、牢记使命”论述摘编》，党建读物出版社、中央文献出版社 2019 年版，第 173 页。

命，同一切影响党的先进性、弱化党的纯洁性的问题作坚决斗争，实现自我净化、自我完善、自我革新、自我提高。”[①]同时，习近平总书记还具体深入地阐发了“四自能力”的深刻内涵，构成了自我革命理论的四梁八柱和基础支撑。习近平总书记还指出：“事实证明，只要我们始终不忘党的性质宗旨，勇于直面自身存在的问题，以刮骨疗毒的决心和意志消除一切损害党的先进性和纯洁性的因素，就能够形成党长期执政条件下实现‘四个自我’的有效途径。”[②]从这些论述中可以看出社会革命和自我革命的统一性。

办好中国的事情，关键在党。2018 年 1 月 5 日，在学习贯彻党的十九大精神研讨班开班式上的讲话中，习近平总书记强调，在新时代，我们党必须以党的自我革命来推动党领导人民进行的伟大社会革命，把党建设成为始终走在时代前列、人民衷心拥护、勇于自我革命、经得起各种风浪考验、朝气蓬勃的马克思主义执政党，这既是我们党领导人民进行伟大社会革命的客观要求，也是我们党作为马克思主义政党建设和发展的内在需要。

特别是在 2019 年 6 月 24 日，在十九届中央政治局第十五次集体学习时，习近平总书记集中阐述了党的自我革命理论，指出：“我们党作为百年大党，如何永葆先进性和纯洁性、永葆青春活力，如何永远得到人民拥护和支持，如何实现长期执政，是我们必须回答好、解决好的一个根本性问题。我们党要求全党同志不忘初心、牢记使命，就是要提醒全党同志，党的初心和使命是党的性质宗旨、理想信念、

① 《习近平关于防范风险挑战、应对突发事件论述摘编》，中央文献出版社 2020 年版，第 134—135 页。

② 《习近平关于“不忘初心、牢记使命”论述摘编》，党建读物出版社、中央文献出版社 2019 年版，第 176 页。

奋斗目标的集中体现，越是长期执政，越不能忘记党的初心使命，越不能丧失自我革命精神。”[①]“做到不忘初心、牢记使命，并不是一件容易的事情，必须有强烈的自我革命精神。”[②]在新的征程上，我们要把党建设成为始终走在时代前列、人民衷心拥护、勇于自我革命、经得起各种风浪考验、朝气蓬勃的马克思主义执政党，就必须牢记初心和使命，在新时代把党的自我革命推向深入。

2020年1月13日，习近平总书记在十九届中央纪委四次全会上指出：“我们坚持以伟大自我革命引领伟大社会革命，健全党的领导制度体系，深化党的建设制度改革，完善全面从严治党制度，坚决扭转一些领域党的领导弱化、党的建设缺失、管党治党不力状况，使党始终成为中国特色社会主义事业的坚强领导核心。”[③]

2021年11月11日，在中共十九届六中全会第二次全体会议上，习近平总书记强调：“要以伟大自我革命引领伟大社会革命，以伟大社会革命促进伟大自我革命，确保党在新时代坚持和发展中国特色社会主义的历史进程中始终成为坚强领导核心。”[④]

2022年1月18日，习近平总书记在十九届中央纪委六次全会上发表重要讲话再次强调指出：“2021年是中国共产党成立一百周年。党中央坚定不移推进全面从严治党，为全面建设社会主义现代化国家开好局、起好步提供了有力政治保障。今年是党的十八大以来第十个年头，十年磨一剑，党中央把全面从严治党纳入‘四个全面’战略布

① 《习近平关于“不忘初心、牢记使命”论述摘编》，党建读物出版社、中央文献出版社2019年版，第178—179页。
② 《习近平关于“不忘初心、牢记使命”论述摘编》，党建读物出版社、中央文献出版社2019年版，第179页。
③ 《习近平谈治国理政》第3卷，外文出版社2020年版，第546页。
④ 《习近平谈治国理政》第4卷，外文出版社2022年版，第544页。

局，以前所未有的勇气和定力推进党风廉政建设和反腐败斗争，刹住了一些多年未刹住的歪风邪气，解决了许多长期没有解决的顽瘴痼疾，清除了党、国家、军队内部存在的严重隐患，管党治党宽松软状况得到根本扭转，探索出依靠党的自我革命跳出历史周期率的成功路径。党的十八大以来，全面从严治党取得了历史性、开创性成就，产生了全方位、深层次影响，必须长期坚持、不断前进。”①

在党的二十大报告中，习近平总书记肯定党的十八大以来全面从严治党取得的卓著成就，指出：“经过不懈努力，党找到了自我革命这一跳出治乱兴衰历史周期率的第二个答案，自我净化、自我完善、自我革新、自我提高能力显著增强，管党治党宽松软状况得到根本扭转，风清气正的党内政治生态不断形成和发展，确保党永远不变质、不变色、不变味。”②习近平总书记还明确强调：“必须持之以恒推进全面从严治党，深入推进新时代党的建设新的伟大工程，以党的自我革命引领社会革命。”③还提出了“完善党的自我革命制度规范体系”“反腐败是最彻底的自我革命”“反腐败斗争就一刻不能停，必须永远吹冲锋号”等重大部署要求。

党的二十大闭幕不到一周，2022 年 10 月 27 日，习近平总书记带领中共中央政治局常委专程从北京前往陕西延安，瞻仰延安革命纪念地，重温革命战争时期党中央在延安的峥嵘岁月，缅怀老一辈革命家的丰功伟绩，宣示新一届中央领导集体赓续红色血脉、传承奋斗精

---

① 《习近平谈治国理政》第 4 卷，外文出版社 2022 年版，第 549 页。

② 习近平：《高举中国特色社会主义伟大旗帜 为全面建设社会主义现代化国家而团结奋斗——在中国共产党第二十次全国代表大会上的报告》，人民出版社 2022 年版，第 14 页。

③ 习近平：《高举中国特色社会主义伟大旗帜 为全面建设社会主义现代化国家而团结奋斗——在中国共产党第二十次全国代表大会上的报告》，人民出版社 2022 年版，第 64 页。

神，在新的赶考之路上向历史和人民交出新的优异答卷的坚定信念。在延安时期，杨家岭是毛泽东居住时间最长的地方，著名的“窑洞对”就是在这里进行的。“窑洞对”的要义，是回答如何跳出治乱兴衰历史周期率、避免人亡政息、确保政权长期存在的问题。在“窑洞对”中，毛泽东给出了第一个答案，这就是让人民监督政府。

习近平总书记来到毛泽东等老一辈革命家旧居，重温老一辈革命家在杨家岭的革命经历。距离杨家岭革命旧址不远，是浓缩了 13 年红色风云的延安革命纪念馆。习近平总书记在“延安时期的十个没有”展板前驻足，抬眼望去，排在首位的就是“没有贪官污吏”。他触景生情说道：“当年毛泽东同志等老一辈革命家在延安，住窑洞、吃粗粮、穿布衣，用‘延安作风’打败了‘西安作风’。全党同志要把老一辈革命家和共产党人留下的光荣传统和优良作风传承好发扬好，勇于推进党的自我革命，坚定不移推进全面从严治党，始终保持党的先进性和纯洁性，确保党始终成为中国特色社会主义事业的坚强领导核心。”[①]

从党的十八大报告到党的二十大报告，从党的十八大以来的全面从严治党伟大实践，到党的二十大闭幕不到一周的庄严宣誓，从“打铁必须自身硬”到“党的自我革命永远在路上”，从“在进行社会革命的同时不断进行自我革命”到“以伟大自我革命引领伟大社会革命”，党的自我革命理论一步步深化、一步步延伸、一步步推进，成为我们党跳出治乱兴衰历史周期率的第二个答案，成为我们党最鲜明的品格、最大的优势、区别于其他政党的显著标志，成为我们党巩固

① 习近平：《继承和发扬党的优良革命传统和作风 弘扬延安精神》，《求是》2022 年第 24 期。

长期执政地位，永葆生机活力，永远不变质、不变色、不变味，始终成为中国特色社会主义事业的坚强领导核心的根本保障。

第三章

中国共产党自我革命的历史进程

如何进行自我革命、永葆生机活力，是党的建设的永恒课题，是党员、干部的终身课题。在中国共产党成立以前，从马克思到列宁，都对马克思主义政党的自我革命问题作出了回答。中国共产党人继承了马克思、恩格斯、列宁的理论，在不同历史时期不断回答党的自我革命问题，不断推进理论创新，用中国共产党人的实践和理论创新丰富和发展了马克思主义建党学说。在百年奋斗历程中，中国共产党高度重视管党治党，始终保持正视问题的自觉和刀刃向内的勇气，不断推进自我革命，不断把管党治党向纵深推进，为确保党不变质、不变色、不变味，不断增强党的创造力、凝聚力、战斗力提供了坚强保障。

一、新民主主义革命时期党的自我革命历程

“既要革命，就要有一个革命党”[①]。实现中华民族的独立和解放，国家的繁荣和富强，是近代中国人民斗争所要达到的目标。而要实现这一目标，必须进行彻底的反帝反封建的革命斗争，这是近代以来斗争经验的科学总结。而在这样的革命斗争中又必须有一个强有力的、敢于自我革命的政党领导，才能最大范围地汇聚革命力量，最终取得

① 《毛泽东选集》第 4 卷，人民出版社 1991 年版，第 1357 页。

成功。中国共产党就是这样的一个政党。

以毛泽东同志为主要代表的中国共产党人，把马克思列宁主义的基本原理同中国革命的具体实践结合起来，创立了毛泽东思想。毛泽东思想是马克思列宁主义在中国的运用和发展，是被实践证明了的关于中国革命和建设的正确的理论原则和经验总结，是中国共产党集体智慧的结晶。在这个过程中，中国共产党把马克思主义建党学说同中国建党实践相结合，建立了一个马克思主义的具有广泛群众性的无产阶级政党。党的建设也同统一战线、武装斗争一样，成为中国革命取得胜利的三大法宝之一。在建党实践中，中国共产党形成了自己独创性的经验，丰富和发展了马克思主义政党的自我革命理论。

纠正党内存在的各种非无产阶级的错误思想。中国是一个经济文化都比较落后的国家，农民占人口的大多数，党长期受农民和其他小资产阶级的影响。在党内，农民和其他小资产阶级出身的党员占了很大比例。小资产阶级思想的主观片面性、政治上的不坚定性以及组织上的自由散漫性，不断地影响着党的队伍。而且，小资产阶级出身的人总是通过种种办法，极力表现自己，宣传他们自己的主张，企图按照小资产阶级的面貌改造党。为此，在建党初期，毛泽东认为，党内本质矛盾是资产阶级思想和小资产阶级思想的矛盾，要着重从思想上建党，强调共产党员不但要在组织上入党，而且要在思想上入党，不断地以无产阶级思想克服各种非无产阶级思想。在党的建设的实践中，中国共产党探索了思想建党的道路，即用无产阶级的科学世界观去武装全体党员，要求每个共产党员不仅接受马克思列宁主义，而且要用马克思列宁主义去指导自己的行动，克服自己的非无产阶级思想。在创立和发展井冈山革命根据地的过程中，毛泽东提出着重在思想政治上建设党，既适应了革命斗争的需要，也符合中国社会的实际情况，有利于把党建设得坚强有力。中国共产党建设中所遇到的特殊困难和问题得到有效的解决，在理论和实践上发展了马克思主义建党学说。着重从思想上建党，从思想上自我革命，肃清非无产阶级思想流毒，这是以毛泽东同志为主要代表的中国共产党人在实践中对马克思主义政党建设的一大贡献。

形成批评和自我批评的优良作风。自我批评是中国共产党的优良传统，从革命战争年代到进入新时代，党依靠自我批评纠正了一个又一个错误，不断从胜利走向新的胜利。在中国共产党成立后的一段历史时期内，党内的“左”倾教条主义者和右倾机会主义者存在着把马克思主义教条化、把共产国际决议和苏联经验神圣化的错误倾向，党的领导人脱离中国国情，照抄照搬俄国革命的做法，党内相继出现了陈独秀右倾机会主义、瞿秋白“左”倾盲动主义、立三路线、王明“左”倾教条主义等错误，这些错误对党的工作造成了重大损失。但是，党每次犯错误之后，都是依靠自己的力量而不是别的政治力量纠正了自己的错误，其中的原因就在于党内开展了正确的批评与自我批评。

1927 年，在大革命时期，国民党叛变革命并发动了四一二反革命政变，但由于党的总书记陈独秀对国民党的步步退让，让党的力量遭受了重大损失。在 1927 年 4 月召开的党的五大上，部分代表批评了陈独秀的不当退让，陈独秀也作了检讨。虽然陈独秀的检讨在当时没有从根本上扭转党的错误路线，也没能防止后来七一五反革命政变的发生，但这次会议说明党开始将“批评与自我批评”运用到党的实践活动中。土地革命战争时期，由于党内“左”倾教条主义的统治，第五次反“围剿”失败，中央苏区难以坚守，党由此开始了战略大转移——长征。在这一时期，党内“左”倾教条主义在军事指挥上的错误导致红军队伍损失惨重，红军面临着全军覆没的危险。在此关键时刻，党召开了遵义会议。在遵义会议上，党内开展了激烈的批评与自我批评，特别是周恩来批评了在反“围剿”中战略战术上的错误，主动承担了个人责任，作了诚恳的自我批评。

在党内，究竟如何对待党所犯的错误和犯错误的同志，如何对待党内的不同意见，党曾经走过一段弯路。在“左”倾教条主义统治期间，王明、博古对党内的不同意见采取残酷斗争、无情打击的方针，不但不利于党内问题的解决，反而压制了一些同志的正确意见，也对党内同志的感情造成了伤害。抗战时期，中国共产党人在实践批评与自我批评时，特别重视自我批评的作用。1939 年 12 月，陈云在《关于干部队伍建设的几个问题》一文中强调“党内斗争主要是开展批评和自我批评”，还特别指出，“领导着政权的党、领导着军队的党，自我批评更加重要。因为党掌握了政权以后，犯了错误会更直接更严重地损害群众利益。党员违犯了纪律，特别容易引起群众的不满”[①]。1942 年，在延安整风时期，我们党创造性地提出了“团结——批评——团结”的公式，采取“惩前毖后、治病救人”的方针，对于犯错误的同志，采取思想上说服和组织上团结的方针，着重从思想上解决问题。因此，在延安整风期间，党内开展了正确的批评与自我批评，最终使全党思想达到了空前的统一和空前的团结。1942 年 4 月，毛泽东指出：“批评和自我批评是一个整体，缺一不可，但作为领导

① 《陈云文选》第 1 卷，人民出版社 1995 年版，第 183 页。

者，对自己的批评是主要的。”[①]

开创以整风整党的形式推进党的自我革命。毛泽东指出：“我们要建设的一个大党，不是一个‘乌合之众’的党，而是一个独立的、有战斗力的党。”[②]在延安时期，为了统一全党思想、巩固党的团结，总结党的历史上的经验教训，提高全党的马克思主义水平，党开展了整风运动。整风的方法，是先学习党的文件，结合个人的思想、工作、历史，结合个人所在的工作部门，进行认真的排查，再通过大大小小的会议开展批评与自我批评，逐步取得思想认识上的一致。1943年4月，毛泽东首次将自我批评视为“马列主义政党的不可缺少的武器，是马列主义方法论中最革命的最有生气的组成部分，是马列主义政党进行两条战线斗争的最适用的方法，而在目前则是反对错误思想建立正确作风的最好方法”[③]。

在1945年党的七大上，毛泽东指出：“以马克思列宁主义的理论思想武装起来的中国共产党，在中国人民中产生了新的工作作风，这主要的就是理论和实践相结合的作风，和人民群众紧密地联系在一起的作风以及自我批评的作风。”[④]随后，党的七大审议通过的党章提出党应该用批评和自我批评的方法，经常检讨自己工作中的错误与缺点，来教育自己的党员和干部。在党的历史上，这是党第一次将“批评和自我批评”写入章程，成为全党共同遵守的准则之一。解放战争时期，随着革命形势的不断发展，特别是土地改革的深入，新的情况和问题不断出现，党内组织不纯、作风不纯、思想不纯的问题日益突

---

① 《毛泽东文集》第2卷，人民出版社1993年版，第418页。
② 《毛泽东文集》第2卷，人民出版社1993年版，第179页。
③ 《毛泽东年谱（1893—1949）（修订本）》（中），中央文献出版社2013年版，第433页。
④ 《毛泽东选集》第3卷，人民出版社1991年版，第1093—1094页。

出。为此，1947 年冬至 1949 年春，在党中央领导下，各解放区开始了整党运动。整党运动继续坚持“惩前毖后、治病救人”的方针，在党员中开展批评和自我批评。这期间，我们党还结合土地改革进行整党整军运动，也可以说是一次自我革命实践。

主张开展积极的思想斗争来进行自我革命。回顾延安整风期间，我们党按照“知无不言，言无不尽”“言者无罪，闻者足戒”“有则改之，无则加勉”的原则，“展开了正确的而不是歪曲的、认真的而不是敷衍的批评与自我批评”，党内同志在思想上互相帮助，最终使犯错误的同志认识到了自己的错误，达到了“惩前毖后、治病救人”的目的，党内的思想达到了空前的统一。毛泽东指出：“处理历史问题，不应着重于一些个别同志的责任方面，而应着重于当时环境的分析，当时错误的内容，当时错误的社会根源、历史根源和思想根源，实行惩前毖后、治病救人的方针，借以达到既要弄清思想又要团结同志这样两个目的。”[①] 而当时的国民党，党内派系林立，钩心斗角。党内，经常出现政治对手利用对方错误打击对方的现象；党外，国民党对于民主人士和无党派人士的意见，要么出于政治需要假惺惺地表示接受，要么对政治异见人士予以暗杀和打击。党内积弊丛生，领导人却束手无策。最终导致党内各种庸俗作风盛行，导致党的肌体大面积溃烂，在中国大陆迅速丢掉政权。这与共产党形成了鲜明的对比。而与当时的其他政党相比，也没有任何一个政党能像共产党这样开诚布公地听取党外人士的意见，勇于改正自己的错误。批评和自我批评成为中国共产党的优良作风、显著标志和自我革命的重要手段。

---

① 《毛泽东选集》第 3 卷，人民出版社 1991 年版，第 938 页。

中国反帝反封建的民主革命不同于其他资产阶级民主革命的原因，就在于革命的领导力量不同。中国的民主革命是由无产阶级领导的，因而才成为新民主主义革命而不是旧式的资产阶级民主革命。但是，无产阶级是由自己的代表——共产党来领导的。在中国，无产阶级的领导实质上就是共产党的领导。这里，能否使党始终保持无产阶级的性质，就成为中国革命能否成功的关键。由此便产生了关于无产阶级政党的学说——党的建设理论，决定了党的建设的最根本的问题就是如何使党保持自己的无产阶级先锋队的先进性、纯洁性，勇于自我革命，以便实现无产阶级的领导权。在党的七大上，毛泽东的建党路线为全党所确认，“着重在思想上、政治上进行建设，同时也在组织上进行建设”，刘少奇这样阐述了“毛泽东同志的建党路线”的内容，正式提出了“毛泽东同志的建党学说”，这就标志着毛泽东建党学说的形成。“自从有了中国共产党，中国革命的面目就焕然一新了”。

1949 年 3 月，中共中央在河北省平山县西柏坡村召开七届二中全会。毛泽东在《在中国共产党第七届中央委员会第二次全体会议上的报告》中指出：“夺取全国胜利，这只是万里长征走完了第一步。”党执政后面临的革命任务更艰巨、更复杂；某些党员干部在资产阶级糖衣炮弹进攻下思想作风可能发生变化，他们是不曾被拿枪的敌人征服过的，他们在这些敌人面前不愧英雄的称号；但是经不起人们用糖衣裹着的炮弹的攻击，他们在糖弹面前要打败仗。因此，务必使同志们继续地保持谦虚、谨慎、不骄、不躁的作风，务必使同志们继续地保持艰苦奋斗的作风。“两个务必”的提出，是对历史经验的总结，也是对未来的忠告，体现了中国共产党人自我革命的清醒和自觉。为防止党内对个人的歌功颂德，中央专门作出 6 条规定：不给领导者祝寿；不送礼；少敬酒；少拍掌；不用党的领导者的名字作地名、街名和企业的名字；不要把中国同志和马、恩、列、斯并列。

二、社会主义革命和建设时期党的自我革命历程

中国共产党的成立是列宁新型无产阶级政党学说在中国实践的产物，而这个学说的理论渊源源自马克思、恩格斯的建党学说。因此，毛泽东的建党学说在理论来源和思想体系上属于马克思主义党的学说的范畴，是对马列主义党的学说的继承，在实践上是对马列主义党的学说的应用。但是，毛泽东建党学说并不是对马列主义党的学说的简单重复，而是根据中国国情和具体实践所形成的创造性认识。毛泽东的建党学说，特别是关于党的自我革命的理论，无论是革命条件下，还是执政条件下，均是马克思主义基本原理同中国具体实际相结合的产物。刘少奇曾经指出，把马克思主义搬到中国来，不是翻译一下就可以解决问题。他认为，产生于欧洲的马克思主义到了中国必须同中国的情况相结合。

中国共产党执政后面临着如何走出一条能够符合中国具体实际、始终得到人民衷心拥护、巩固党的执政地位、勇于自我革命、永葆生机活力的执政党建设道路。从理论资源上来讲，列宁关于执政党建设的思想，解决的是十月革命后俄国无产阶级政党如何执政的问题，这个思想在很多方面是探索性的，还没有形成系统的、完备的体系。如何解决中国共产党在执政条件下保持先进性、纯洁性、革命性的问

题，承担起领导中国社会主义建设的任务，这是摆在毛泽东等老一辈无产阶级革命家面前的全新的课题。正是在回答这一问题的过程中，以毛泽东同志为主要代表的中国共产党人进一步探索执政条件下党的自我革命的理论和实践问题。

1949 年中华人民共和国的成立，是中国历史发展的转折点。中国共产党经过 28 年的浴血奋斗，终于成为一个拥有 5 亿多人口大国的执政党，担负起领导全国各族人民建设新生活的重任，党的历史也揭开了新的篇章。这一时期的历史主题，就是怎样从新民主主义转变到社会主义和怎样建设社会主义。面对复杂的国际国内形势，中国共产党必须把迅速恢复国民经济作为中心任务。为了恢复国民经济，党开展了民主改革、镇压反革命、“三反”“五反”、抗美援朝等，从而开始了我们这个新的民族国家的伟大历史整合，为新生的国家创造生存和发展的经济基础、政治基础和有利的国际环境。

在全党和全国人民的努力下，从新中国成立到 1952 年底的 3 年间，工农业总产值平均年递增率为 21.1%，迅速完成了恢复国民经济的任务，为全面的社会主义改造和有计划的社会主义建设创造了条件。为了完成对农业、手工业和资本主义工商业的社会主义改造，我们创造了一系列适合中国特点的从新民主主义社会到社会主义社会的过渡形式，如对资本主义工商业实行和平赎买，对个体农业和手工业实行由互助组到初级社再到高级社的逐步过渡等形式。同时，也把对私有制的改造和对人的改造结合了起来，把资产阶级逐步改造成了自食其力的劳动者。社会主义改造的完成，标志着几千年来遗留下来的剥削制度在中国彻底废除，中国的劳苦大众真正成了国家的主人；标志着社会主义制度在中国的确立，中国进入社会主义初级阶段。

然而，新中国成立初期的国内外形势是异常复杂的，在中国共产党和中国人民面前，还存在着很多困难，面临着很多严峻考验。

一方面，我们党通过严厉惩治腐败开展党的自我革命。新中国成立之初，为了打击资产阶级对干部腐蚀、拉拢的猖狂进攻，使党的优良作风得到继续发扬，党中央开展了“三反”“新三反”运动。1950年5月1日，针对执政党内部已经出现和可能出现的各种问题，中央发出《关于在全党和全军开展整风运动的指示》。这次整风，从党的建设的角度提出了纠正党内问题、密切党群关系的具体举措。而对于腐败分子，党和毛泽东采取从严治理的方针，无论涉及谁，绝不姑息迁就，而是严惩不贷。1952年2月1日对北京中央公安部行政处处长宋德贵处以极刑，还毫不留情地打掉了刘青山、张子善这两只“大老虎”。刘、张二人分别于1931年和1933年入党，曾经战功卓著。新中国成立后，他们分别担任中共天津地委书记和天津专署专员的要职。他们把天津地委的机关生产作为他们营私舞弊、藏垢纳污的掩护工具，肆无忌惮地贪污浪费。但是，党并没有因为他们是革命功臣而予以迁就，相反抓住这两个重大典型事件，依照党纪国法对他们处以死刑。毛泽东于1951年11月30日以中共中央的名义，亲自批准华北局关于逮捕刘青山、张子善的报告，并指出这件事给全党“提出了警告”“必须严重地注意干部被资产阶级腐蚀发生严重贪污行为这一事实，注意发现、揭露和惩处，并须当作一场大斗争来处理”①。处决刘、张二人，对于在执政条件下保持党和国家工作人员的廉洁，产生了巨大而深远的影响。

① 《毛泽东文集》第6卷，人民出版社1999年版，第190—191页。

另一方面，我们党开始探索执政党自我革命的系列重大理论和实践问题。1949 年，新中国的成立开启了中国共产党对执政党建设问题的探索。中国共产党在成立之初，并没有设立党的纪律检查机关。随着党自身的发展壮大，适应形势和任务的需要，后来断断续续设立过党的纪律检查机关。1949 年 11 月，中央及各级党的纪律检查委员会成立，为全党发扬优良传统、保持良好作风提供了组织基础和监督保障。1956 年召开的党的八大，选举产生了新一届中央监察委员会，规定：“各级监察委员会在各级党的委员会领导下进行工作。”

特别是在 1956 年 4 月，毛泽东在听取各部委汇报的基础上作了《论十大关系》的讲话，形成了关于社会主义建设的探索的初步理论成果。中国共产党在领导中国人民取得胜利的同时，在实践中对自身建设也不断进行探索、总结和借鉴。1956 年 9 月，我们党召开了执政后的第一次代表大会，这也是自党成立以来规模空前的一次盛会。党的八大提出，党的事业的胜利，党对于人民所负的责任的加重，党在人民中间的威信的增长，这一切，都要求党对党员提出更高的标准。为提高党员的标准而斗争，这是当前党重要的政治任务之一。邓小平在《关于修改党的章程的报告》中就指出了执政是共产党人面临的一个考验，“执政党的地位，很容易使我们的同志沾染上官僚主义的习气。脱离实际和脱离群众的危险，对于党的组织和党员来说，不是比过去减少而是比过去增加了”。为什么得出这个判断？因为执政就是掌握权力，执政是我们取得革命胜利的标志，也使我们党面临着巨大的挑战。这个挑战表现为如何提高执政能力，用手中的权力更好地为人民服务，同时表现为如何防止权力对党的侵蚀。但这一时期党的建设应该考虑到党是执政党这一客观情况，执政党建设的道路应该怎样走，对中国共产党来讲是个崭新课题。虽然新中国成立初期我们在制度层面下了很大功夫，但执政党是掌握政权的党，如何正确地为广大人民掌好权、用好权，不是单靠历史上形成的好的传统、好的作风就能解决的。正如后来邓小平在回答一位意大利记者提出的"怎样才能避免或防止再发生诸如'文化大革命'这样可怕的事情"这一问题时所说："现在我们要认真建立社会主义的民主制度和社会主义法制。只有这样，才能解决问题。"①

从 1956 年到 1976 年，以毛泽东同志为主要代表的中国共产党人对执政党建设规律进行了 20 年的艰辛探索，经历了重大曲折，取得了宝贵的执政成果。1957 年 2 月，毛泽东发表了《关于正确处理人民内部矛盾的问题》的讲话，对社会主义社会的矛盾进行了理论上的阐述，提出要区分敌我矛盾和人民内部矛盾，提出要把正确处理人民内部矛盾作为国家政治生活的主题。当时，在苏联的实践中，还出现了斯大林严重破坏社会主义法制的情况，毛泽东认为这种情况从制度上可以进行防范。1962 年，毛泽东强调党内党外都要有充分的民主生活，都要认真实行民主集中制。1962 年 1 月至 2 月，中央召开了史称"七千人大会"的中央工作扩大会议，针对 1958 年以来在中央和地方的工作中间"发生了一些缺点和错误"，产生了一些不正确的观点和作风，进行批评与自我批评。毛泽东在会上作了自我批评，他说："凡是中央犯的错误，直接的归我负责，间接的我也有份，因为我是中央主席。"② 由于认识上的失误，"文化大革命"时期党的建设也遭遇了挫折。

① 《邓小平文选》第 2 卷，人民出版社 1994 年版，第 348 页。
② 《毛泽东思想年编（1921—1975）》，中央文献出版社 2011 年版，第 915 页。

三、改革开放和社会主义现代化建设新时期党的自我革命历程

1978 年，我们党召开了具有重大历史意义的十一届三中全会，我们的国家与社会迎来了发展的春天，发生了翻天覆地的变化。从党的十一届三中全会开始，全党工作重心转移到经济建设上，实行改革开放，开始了由封闭半封闭到对外开放、由传统的计划经济到社会主义市场经济的历史性转变。这也是对我们党提出的挑战，即要把社会主义同市场经济结合起来，正确处理党的领导核心地位同市场经济多元化要求的关系。特别是党在领导社会主义市场经济建设的过程中，在改革开放的过程中，如何才能抵御市场交易原则对党内的冲击，如何才能抵御西方资产阶级错误思想对党内的负面影响，党员干部如何才能经受住长期执政考验、改革开放考验、市场经济考验、外部环境考验，如何才能避免精神懈怠危险、能力不足危险、脱离群众危险、消极腐败危险，是我们党面临的现实难题。

改革开放以后，我们党驰而不息反对腐败，进一步深化党的自我革命。随着中国经济社会的发展，面对党内出现的问题，邓小平提出了“两手抓、两手都要硬”“办好中国的事情，关键在人”“实现我们的战略目标，不惩治腐败，特别是党内的高层的腐败现象，确实有失败的危险”等重大要求。邓小平严肃地指出，腐败这股风来得很猛，“实行对外开放和对内搞活经济两个方面的政策以来，不过一两年时间，就有相当多的干部被腐蚀了。卷进经济犯罪活动的人不是小量的，而是大量的。犯罪的严重情况，不是过去‘三反’、‘五反’那

个时候能比的。那个时候，贪污一千元以上的是‘小老虎’，一万元以上的是‘大老虎’，现在一抓就往往是很大的‘老虎’”[①]。他还指出，风气如果坏下去，会反过来影响整个经济变质。因此，只有消除腐败因素，才能更好地实现经济发展。“这个党该抓了，不抓不行了”[②]，这是邓小平在1989年郑重提出的问题，他在《第三代领导集体的当务之急》一文中进行了深刻阐释。“中国要出问题，还是出在共产党内部”[③]，邓小平在1992年初的南方谈话中再次对党的建设提出了科学的论断，这是给全党提了醒，更是给第三代中央领导集体的重要政治交代。

但是，尽管我们反复强调“在整个改革开放过程中都要反对腐败。对干部和共产党员来说，廉政建设要作为大事来抓”，但不得不承认，腐败现象依然存在。说到底，市场经济的不完善，法制的不健全，思想道德观念的缺失，会导致转型期腐败现象不断滋长、蔓延。

与此同时，我们党吸取苏共亡党亡国的深刻教训，进一步深化党的自我革命理论。为了把党建设好，党中央采取了一系列加强党的建设的举措，力争在理论和实践上使党的建设实现新的发展和突破，特别是在党和国家领导制度改革方面，作出了新的重要探索，有效解决了党内存在的突出问题，取得了一系列重大理论成果。

1978年恢复和重建党的纪律检查机关以来，纪律检查体制经历了从一开始的由同级党委领导，到由同级党委和上级纪委双重领导、同级党委为主，再到党的十二大党章确定的由同级党委和上级纪委双重

① 《邓小平文选》第2卷，人民出版社1994年版，第402页。
② 《邓小平文选》第3卷，人民出版社1993年版，第314页。
③ 《邓小平文选》第3卷，人民出版社1993年版，第380页。

领导的过程。现行党章还明确规定“党的中央纪律检查委员会在党的中央委员会领导下进行工作”。从总体上讲，纪律检查工作双重领导体制是基本符合党情和国情的，在党风廉政建设和反腐败斗争中发挥了积极作用。但面对新的形势和任务，这种领导体制还存在一些不适应、不协调的地方，如对纪委的地位和作用怎么看，同级纪委对同级党委怎么监督，特别是在查办腐败案件方面，纪委的职责是什么，等等。因此，必须继续完善党的纪律检查体制，既要强调党对纪检工作的统一领导，又要强化上级纪委对下级纪委的领导，保证纪委监督权的相对独立性和权威性。

1980 年 8 月 18 日至 23 日，中共中央政治局扩大会议在北京召开。邓小平作了题为《党和国家领导制度的改革》的讲话。在讲话中，邓小平总结了国内外社会主义国家党和政权建设的历史经验，特别是十年“文革”的深刻教训，分析了党和国家领导制度存在的种种弊端及其产生的原因，指出了党和国家领导制度改革的目的和路径，形成了较为系统的党和国家领导制度改革的基本思想，以强烈的忧患意识带领全党和全国人民解放思想、拨乱反正、搞改革开放，走出了一条建设有中国特色的社会主义道路。他认为，在党的建设上，领导制度、组织制度问题更带有根本性、全局性、稳定性和长期性。党和国家现行的一些具体制度中，还存在不少的弊端，妨碍甚至严重妨碍社会主义优越性的发挥。从历史的经验和教训出发，他提出要改革党和国家的领导制度和干部制度，完善党规党法，使党内生活制度化，保证这种制度不因领导人的改变而改变，不因领导人的看法和注意力的改变而改变。“怎样改善党的领导，这个重大问题摆在我们的面前。不好好研究这个问题，不解决这个问题，坚持不了党的领导，提高不了党的威信”[①]。这是邓小平提出的改善党的领导的重要任务，是在坚持党的领导的同时提出的，当然是基于历史的经验和教训，升华了党的领导理论，发展了马克思主义党的学说。

尤其是20世纪八九十年代以后，世界上第一个社会主义国家——苏联解体了，苏联共产党作为一个国际共产主义运动中的老党、大党，垮台了，在分析苏共为什么会发生这样的剧变的过程中，我们党进而系统地研究了改革开放条件下执政党建设的理论和实践问题。苏共亡党亡国的教训验证了："党的先进性和党的执政地位都不是一劳永逸、一成不变的，过去先进不等于现在先进，现在先进不等于永远先进；过去拥有不等于现在拥有，现在拥有不等于永远拥有。"[②]执政党能否长期执政，归根结底取决于人民群众对执政党的执政活动和执政成效的满意程度。不管是一党制还是多党制，一个执政党能否长期执政，并不取决于其主观愿望，而是人心向背。大量事实表明，任何一个执政党，不管资格多老，执政时间多长，一旦失去广大人民群众的拥护和支持，就会失去执政的根基，甚至会蜕变为既得利益集团，最终必然垮台，古今中外，概莫能外。

党的十三届四中全会以来，以江泽民同志为主要代表的中国共产党人，在领导和推进党的建设新的伟大工程过程中，结合新的实际，对社会主义市场经济条件下执政党建设的一系列重要理论和实践问题作了深刻阐述。党的十四届四中全会对党的建设问题进行了集中讨论，对改革开放之后党的建设的实践进行了科学的总结，对未来党的

① 《邓小平文选》第2卷，人民出版社1994年版，第271页。
② 《中共中央关于加强和改进新形势下党的建设若干重大问题的决定》，人民出版社2009年版，第5页。

建设进行了科学的规划，提出了科学的总目标，“党的建设新的伟大工程”也在这次会议上被提了出来。因为这一时期无论是国际还是国内，共产主义运动都发生了巨大的变化，特别典型的是苏联解体了。2000 年 1 月，江泽民在十五届中央纪委四次全会上指出：“从列宁领导十月革命取得胜利，到第二次世界大战后中国等一批国家建立起社会主义制度，社会主义显示了蓬勃的生命力，深刻地改变了世界政治力量的对比。而到二十世纪末，发生了东欧剧变、苏联解体，社会主义的发展遇到了严重曲折。”[①]他指出，这是一个错综复杂、变化深刻的历史进程，向人们、向一切马克思主义者和共产党人提出了许多重大课题：世界社会主义的这种变化究竟是什么原因引起的？世界上第一个社会主义国家苏联究竟为什么会解体？具有几十年历史的苏联共产党为什么会失去政权？我们应该从中吸取什么教训？中国共产党和中国社会主义事业应该如何在已有成就的基础上继续开辟光明的未来？把这些问题思考和研究清楚了，我们党就会更好地巩固和完善自己，更好地领导人民在新的世纪谱写出中国历史发展的新篇章。

党越是长期执政，越要坚定不移地反对腐败，越要提高拒腐防变和自我革命的能力。深入开展反腐败斗争，是加强干部作风建设的重要内容，是加强党的执政能力建设和先进性建设的重大任务，也是落实科学发展观和构建社会主义和谐社会的紧迫任务。党的十六大以来，我们党坚持党要管党、从严治党的原则，贯彻标本兼治、综合治理、惩防并举、注重预防的反腐倡廉战略方针，推进教育、制度、监督并重的惩治和预防腐败体系建设，使反腐败工作更加配套、更加系

① 《十五大以来重要文献选编》（中），人民出版社 2001 年版，第 1106 页。

统。党的十六大报告指出，我们党“已经从领导人民为夺取全国政权而奋斗的党，成为领导人民掌握全国政权并长期执政的党；已经从受到外部封锁和实行计划经济条件下领导国家建设的党，成为对外开放和发展社会主义市场经济条件下领导国家建设的党”[①]。党的十六大以来，面对复杂多变的国际环境和艰巨繁重的改革发展任务，我们党带领全国各族人民，高举中国特色社会主义伟大旗帜，战胜各种困难和风险，开创了中国特色社会主义事业新局面，开拓了马克思主义中国化新境界。

2004 年 6 月，胡锦涛在主持十六届中央政治局第十四次集体学习时的讲话和同年 8 月在邓小平同志诞辰 100 周年纪念大会上的讲话中，都强调了要把马克思主义执政理论与党执政新的实践紧密结合起来，以党的执政能力建设为重点，从党的执政理念、执政基础、执政方略、执政体制、执政方式、执政资源和执政环境等方面进行努力，全面加强和改进党的思想、组织、作风、制度和反腐倡廉建设，体现了对执政党建设的新的思考。2004 年 9 月，党的十六届四中全会专门作了《中共中央关于加强党的执政能力建设的决定》，着重研究了加强党的执政能力建设的若干重大问题，为我们党加强执政能力建设指明了方向和道路。加强党的先进性建设是党的建设系统工程的主线。先进性是马克思主义政党的本质属性，是马克思主义政党的生命所系、力量所在。党的先进性是历史的、具体的，既是一以贯之的，又是与时俱进的。这就决定了保持和发展党的先进性是马克思主义政党自身建设的根本任务和永恒课题。2011 年，在庆祝中国共产党成立

① 《十六大以来重要文献选编》（上），中央文献出版社 2005 年版，第 9 页。

90 周年大会上，胡锦涛更进一步指出，执政考验、改革开放考验、市场经济考验、外部环境考验是长期的、复杂的、严峻的；精神懈怠的危险、能力不足的危险、脱离群众的危险、消极腐败的危险更加尖锐地摆在全党面前。这充分反映了全党对长期执政的危机意识、责任意识，体现了对巩固党的执政地位的深谋远虑。

到了世纪之交，我们党又面临着前所未有的机遇和挑战，国际国内形势发生了广泛而深刻的变化，影响着党的建设的实践。基于苏共垮台的教训，以及中国共产党执政为民的要求，如何在新的条件下发挥好执政党的作用，为人民执好政、用好权，成为党的建设在当时需要解决的问题。党的十六大、十七大对党的思想、组织、作风、制度和反腐倡廉建设等都作出了具体的部署，从而形成了全面推进党的建设新的伟大工程的新的理论，这也是党在新的历史阶段勇于自我革命所取得的重大理论成就，在实践中有力地推进了伟大事业的快速发展。

总之，改革开放给中国社会带来了巨大变化，也给党的建设带来了一系列新的问题。在我们党处于执政地位并长期执政的历史条件下，建设一个什么样的执政党、怎样建设执政党，如何勇于自我革命、永葆生机活力，始终是我们党必须正确认识和把握的重大理论和实践课题。国际上其他社会主义国家的教训表明，党的自我革命问题解决得如何，直接关系到党的生死存亡，关系到国家和民族的前途命运。对党的自我革命的探索和回答，在执政党建设过程中具有十分重要的历史意义和现实意义。

第四章

勇于自我革命，不断增强自我净化能力

习近平总书记指出："自我净化，就是要过滤杂质、清除毒素、割除毒瘤，教育引导全党坚定理想信念宗旨，自觉抵御各种腐朽思想侵蚀，提高政治免疫力，同时聚焦突出问题，自觉向体内病灶开刀，清除一切侵蚀党的健康肌体的病毒。"[①] 增强自我净化能力，就是要本着彻底的唯物主义精神经常检视自身、常思己过。增强自我净化能力，靠的是自我反省，在自我反省中增强政治免疫力。党员领导干部应经常剖析自己的世界观、人生观、价值观，看是否存在理想信念缺失、宗旨意识淡化等问题；时刻检查自己的思想、道德、作风是否纯洁，是否受到不良风气的浸染，是否存在创造力、凝聚力、战斗力不强的问题；常常查找自身存在的不符合党和人民要求的不足，看是否有形式主义和官僚主义等问题。通过自我净化，要自觉清除思想上的灰尘杂质和心灵上的污垢，坚定理想信念，忠实践行全心全意为人民服务的根本宗旨，做到堂堂正正做人、清清白白做事、老老实实做官，保持政治坚定、作风优良、纪律严明、清正廉洁，永葆共产党人的政治本色。

① 《习近平关于防范风险挑战、应对突发事件论述摘编》，中央文献出版社 2020 年版，第 135 页。

一、补足精神之钙，坚定理想信念宗旨

理想是人们基于一定的生产力发展水平和社会关系状况而对于未来发展趋势的预期和追望。信念是认知、情感和意志的统一。理想信念是世界观、人生观和价值观在人生的目标追求上的集中体现，科学而正确的理想信念，是人生的精神支柱和精神动力，能够激励人们为了社会进步和人类幸福而奋斗献身，能够提升人的精神境界，净化人的心灵，改善和协调人与人之间的关系，推动和促进社会发展。

《中国共产党章程》规定，党的最高理想和最终目标是实现共产主义。理想指引人生方向，信念决定事业成败。对理想信念的重要性，习近平总书记有个形象的比喻："理想信念是共产党人精神上的'钙'。"他反复强调，"理想信念坚定，骨头就硬"。这就鲜明地指出了坚定理想信念，坚守共产党人精神追求，始终是共产党人安身立命的根本。从严管党治党，领导干部首先要坚定共产党人的共产主义理想信念，在任何时候都不能动摇、淡化和放弃共产主义理想信念。

共产主义是理论、实践和社会制度的有机统一。共产主义作为科学理论体系，是由马克思恩格斯创立的、由共产党人所信仰的科学思想体系。共产主义的科学理论体系始终是无产阶级获得解放的强大理论武器。共产主义作为共产党人所从事的伟大实践活动，是无产阶级解放自己同时解放全人类的伟大革命运动。共产主义运动以共产主义理论为指导，以马克思主义政党为领导力量，以工人阶级和广大劳动人民为主要革命力量，以砸碎旧的国家机器、推翻资产阶级的统治、推翻资本主义制度、最终实现共产主义为目的。共产主义作为共产党人终身为之奋斗的社会制度，是全人类所向往的最高级的社会发展形态。共产主义科学内涵的上述三个方面，是一个相互联系、相互依存的有机整体，构成完整的、科学的共产主义概念。其中，共产主义思想体系是共产党人从事共产主义伟大运动、实现共产主义社会制度的理论基础和精神动力；共产主义的伟大实践是共产党人实践共产主义思想体系、实现共产主义社会制度的必然道路；共产主义社会制度则是共产主义思想体系指导下的共产主义运动的必然归宿。因此，广大共产党员特别是党的领导干部要正确理解共产主义的科学内涵，树立坚定的共产主义理想，自觉地为实现共产主义奋斗终身。那种把共产主义看作虚无缥缈、不切实际的幻想的观念是错误的。从马克思、恩格斯创建共产主义者同盟开始，为共产主义制度的实现而奋斗的理论和运动就已经萌发，尽管这一过程充满着艰难险阻，但绝不是可望而不可即的。我们强调实现共产主义的长期性和曲折性，目的在于使广大共产党员特别是各级领导干部克服在实现共产主义方面一切不符合实际的想法，自觉做到为实现共产主义奋斗终身。

中国共产党成立 100 多年来，始终是有崇高理想和坚定信念的党。这个理想信念，就是马克思主义信仰、共产主义远大理想、中国特色社会主义共同理想。理想信念是中国共产党人的精神支柱和政治灵魂，也是保持党的团结统一的思想基础。在革命、建设、改革各个历史时期，有无数共产党员为了党和人民事业牺牲个人利益，甚至献出了生命，为党所领导的革命、建设、改革作出了巨大贡献，支撑他们的就是“革命理想高于天”的精神力量。党员干部有了坚定理想信念，才能经得住各种考验，走得稳、走得远；没有理想信念，或者理想信念不坚定，就经不起风吹浪打，关键时刻就会私心杂念丛生，甚至临阵脱逃。

共产主义远大理想，是马克思主义的理想信念的核心内容。共产党人所坚持的最终实现共产主义的理想信念，代表中国先进生产力的发展要求、中国先进文化的发展方向和中国最广大人民群众的根本利益，是共产党人对于人类社会发展规律和自身历史使命的深刻体认，是共产党人的政治立场、政治观点和政治情感的高度统一。马克思主义经典作家创立了唯物史观、剩余价值学说和科学社会主义理论，揭示了人类社会发展的根本规律，揭示了资本主义社会的内在矛盾以及共产主义代替资本主义的历史必然性。科学社会主义理论诞生至今已有 170 多年，在这 170 多年间，科学社会主义理论在不断丰富发展，社会主义实践也在曲折和探索中不断前进。科学社会主义理论和实践在保证全体人民政治平等和当家作主、消灭人剥削人的制度、消除贫富悬殊和两极分化、建设新型的思想道德文化等诸方面，都取得了巨大进步，也在前无古人的实践探索中积累了丰富而宝贵的历史经验。社会主义作为比资本主义更为进步的社会制度，能够有效地促进生产力和经济、社会的发展，能够为实现社会的公平正义以及人的全面发展创造制度条件。

新中国成立以来，特别是改革开放 40 多年来，我国的经济迅速增长，综合国力明显提升，人民生活水平不断提高，社会主义在中国蓬勃发展，显示了强大的生命力和旺盛的创造活力。同时，社会主义建设是一项复杂艰巨和前无古人的事业，难免会出现一些曲折、失误甚至倒退，社会主义制度和体制也需要在实践探索中逐步加以完善。20 世纪 80 年代末 90 年代初发生的苏联解体和东欧剧变，是世界社会主义运动的巨大挫折，其中深刻的经验教训值得我们认真总结。但必须指出的是，这只是一种特定的社会主义模式试验的失败，而不是社会主义的失败。这些国家的人民在经历了社会的急剧变化之后，开始从沉痛的经历和切身的体验中反思，一些失去政权的共产党从失败中吸取教训，调整自己的政治策略，逐步赢回人民的支持与拥护。社会主义运动的全面复兴虽有待时日，但必然会从低谷中走出。

共产主义的理想信念，是共产党人紧密团结、不懈奋斗的共同目标、思想基础和精神动力。邓小平指出："为什么我们过去能在非常困难的情况下奋斗出来，战胜千难万险使革命胜利呢？就是因为我们有理想，有马克思主义信念，有共产主义信念。""我们过去几十年艰苦奋斗，就是靠用坚定的信念把人民团结起来，为人民自己的利益而奋斗。没有这样的信念，就没有凝聚力。没有这样的信念，就没有一切。"[①] 理想信念之火一经点燃，就永远不会熄灭。对马克思主义的信仰，对共产主义和社会主义的信念，是共产党人的政治灵魂，是共产党人经受住任何考验的精神支柱。坚定的理想信念是党保持先进性的力量之源。对理想信念是否坚定也决定着思想境界的高低，共产党员有了坚定的理想信念，就有了克服各种困难的勇气和力量，始终保持坚定的正确的政治方向，就能持久保持党的先进性。可以说，坚定的理想信念是一种恒久不变的动力，坚定的理想信念是推动事业成功的精神支柱。

党的十八大以来，习近平总书记在许多场合都谈到坚定理想信念的重要性和紧迫性。2013 年 6 月 28 日，在全国组织工作会议上的讲

① 《邓小平文选》第 3 卷，人民出版社 1993 年版，第 110、190 页。

话中，习近平总书记指出，理想信念就是人的志向。他引用古语“志之所趋，无远勿届，穷山距海，不能限也。志之所向，无坚不入，锐兵精甲，不能御也”，并解释说：“志存高远的人，再遥远的地方也能达到，再坚固的东西也能突破。”新征程上，我们要勇于自我革命，不断增强自我净化能力，就必须夯实理想信念根基，这是提高干部党性修养第一位的任务，是衡量好干部的第一位标准。同时，崇高信仰、坚定信念既不会自发产生，也不会自发维持。共产党人要炼就“金刚不坏之身”，必须始终如一地坚持用马克思主义科学理论武装头脑，不断培植自己的精神家园，切实解决好世界观、人生观、价值观这个“总开关”问题。只有如此，才能做到拒腐蚀、永不沾，清正廉洁，才能让党放心，让人民靠得住、信得过。

二、永葆先进纯洁，抵御各种腐朽思想侵蚀

早在 1980 年，邓小平在《党和国家领导制度的改革》的讲话中就指出：“党和国家现行的一些具体制度中，还存在不少的弊端，妨碍甚至严重妨碍社会主义优越性的发挥。如不认真改革，就很难适应现代化建设的迫切需要，我们就要严重地脱离广大群众。”[①] 邓小平概括了现行制度当中存在的五大弊端，就是“官僚主义现象，权力过分集中的现象，家长制现象，干部领导职务终身制现象和形形色色的特权现象”。他还指出，这五大弊端，多少都带有封建主义的色彩。邓小平的讲话已过去了几十年，我们党在反封建方面取得了巨大的成

① 《邓小平文选》第 2 卷，人民出版社 1994 年版，第 327 页。

就，但要实事求是地承认，反封建仍然是党的建设的繁重任务。

有的人对封建主义腐朽思想的严重危害估计不足，对封建主义腐朽思想阻碍中国民主政治发展的后果缺乏足够的认识。有的人注意到要反对资产阶级思想和资本主义制度，却没有注意到反对封建主义是比反对资本主义更为严峻的任务。正如邓小平当年所分析的，“旧中国留给我们的，封建专制传统比较多，民主法制传统很少”。如要彻底消除人身依附、官本位、以权谋私等丑恶现象，仅仅靠反对资本主义是解决不了的，还必须从根本上认识到这是封建主义的东西，才能真正解决问题。封建主义腐朽思想还影响党内民主的健康发展。党内民主是增强党的创新活力、巩固党的团结统一的重要保证。总结发展党内民主的历史经验教训，不能仅仅把党内民主当作一种要发扬的作风，而是要通过改革，着力建立健全充分反映党组织和党员意愿的党内民主制度。应当指出，我们党自成立以来，就党内民主的制度建设作出了规定，探讨了进行党内民主建设的途径和方法，党的领导人也都提出过建立健全党内规章制度以加强党的建设的思想。但在党的历史上，有时在碰到问题时有的领导干部却脱离了党内民主的渠道。究其原因，就是中国几千年封建主义的影响在作怪。因此，我们要在党内高扬反封建的大旗，倡导民主法治，从制度上保证党和国家政治生活的民主化。

中国封建统治阶级的“统治术”向来被有些人所推崇，甚至有人把它引进党内。有人提出，二十四史，是一部充斥着如何夺权、用权、玩弄权术的历史。中国封建政治的一个特点，是权力高度集中。权力越大，好处就越多，对人就越有诱惑力。鲁迅在《在现代中国的孔夫子》中对中国封建文化进行了描述，他深刻地说：“总而言之，孔夫子之在中国，是权势者们捧起来的，是那些权势者或想做权势者们的圣人，和一般的民众并无什么关系……孔夫子曾经计划过出色的治国的方法，但都是为了治民众者，即权势者设想的方法，为民众本身的，却一点也没有。”[①] 而这些封建腐朽的东西，与我们党的性质宗旨是完全背离的。

另外，西方政党政治中的“权力术”，其实是一种政治游戏，把一些“潜规则”的东西公开化了。本来意义上的政党是反封建的产物，它虽然不是民主制度本身，但已经和民主制度的发展有着不可分割的联系。政党制度貌似公平，实际上成了资产阶级利益的整合器。体制是如此，人也是如此，在这样的体制下所产生的政治人物，就只能是政客。尼克松在其所著《领导者》一书中总结说：“权力就是创造历史并推动其向不同方向发展的一个好机会。对那些关心这类事的人来说，很少有其他东西能比权力更使他们得到满足。”“在一般情况下，诡计多端、爱慕虚荣和装聋作哑是令人讨厌的习性。然而对领袖人物来说，却可能是至关紧要的。”

腐败，说到底是公共权力的异化，是以用公权谋私利为基本特征的行为，是与我们党的性质和宗旨完全违背的行为。如果各种不良风气和腐败现象任意发展，势必对党的肌体和党的事业产生十分严重的危害，甚至会发生党变质、国变色的危险。党风廉政建设和反腐败是党的十八大以来全面从严治党的最大亮点。党的十八大以来，以习近平同志为核心的党中央以前所未有的勇气和定力推进党风廉政建设和反腐败斗争，习近平总书记指出：“党风廉政建设，是广大干部群众始

① 参见《鲁迅全集》第 6 卷，人民文学出版社 1981 年版，第 316—318 页。

终关注的重大政治问题。‘物必先腐，而后虫生。’近年来，一些国家因长期积累的矛盾导致民怨载道、社会动荡、政权垮台，其中贪污腐败就是一个很重要的原因。”[①]2013 年 7 月 11 日，习近平总书记在西柏坡同县乡村干部和群众座谈时郑重表示：“当年党中央离开西柏坡时，毛泽东同志说是‘进京赶考’。60 多年过去了，我们取得了巨大进步，中国人民站起来了，富起来了，但我们面临的挑战和问题依然严峻复杂，应该说，党面临的‘赶考’远未结束。”[②]近年来我们党内发生的严重违纪违法案件，性质恶劣，在政治上造成不良影响，令人触目惊心。因此，习近平总书记要求各级党委要旗帜鲜明地反对腐败，更加科学有效地防治腐败，做到干部清正、政府清廉、政治清明，永葆共产党人清正廉洁的政治本色。各级领导干部特别是高级领导干部要自觉遵守廉政准则，既严于律己，又加强对亲属和身边工作人员的教育和约束，决不允许以权谋私，决不允许搞特权。对一切违反党纪国法的行为，都必须严惩不贷，决不能手软。

2019 年 5 月 31 日，习近平总书记在“不忘初心、牢记使命”主题教育工作会议上的讲话中指出：“清正廉洁作表率，重点是教育引导广大党员干部保持为民务实清廉的政治本色，正确处理公私、义利、是非、情法、亲清、俭奢、苦乐、得失的关系，自觉同特权思想和特权现象作斗争，坚决预防和反对腐败，清清白白为官、干干净净做事、老老实实做人。”[③]2022 年 3 月 1 日，在中央党校（国家行政学

---

① 《习近平关于全面从严治党论述摘编》，中央文献出版社 2016 年版，第 175 页。
② 《党面临的“赶考”远未结束——习近平总书记再访西柏坡侧记》，《人民日报》2013 年 7 月 14 日。
③ 习近平：《在“不忘初心、牢记使命”主题教育工作会议上的讲话 》，《求是》2019 年第 13 期。

院）中青年干部培训班开班式上，习近平总书记强调，必须牢记清廉是福、贪欲是祸的道理，经常对照党的理论和路线方针政策、对照党章党规党纪、对照初心使命，看清一些事情该不该做、能不能干，时刻自重自省，严守纪法规矩。守住拒腐防变防线，最紧要的是守住内心，从小事小节上守起，正心明道、怀德自重，勤掸“思想尘”、多思“贪欲害”、常破“心中贼”，以内无妄思保证外无妄动。习近平总书记的谆谆教诲，是党员、干部安身立命的重要遵循。

新征程上，我们要勇于自我革命，不断增强自我净化能力，就必须守住守牢拒腐防变防线，层层设防、处处设防。要守住政治关，时刻绷紧旗帜鲜明讲政治这根弦，在大是大非面前、在政治原则问题上做到头脑特别清醒、立场特别坚定，决不当两面派、做两面人，决不拿党的原则做交易。要守住权力关，始终保持对权力的敬畏感，坚持公正用权、依法用权、为民用权、廉洁用权。要守住交往关，交往必须有原则、有规矩，不断净化社交圈、生活圈、朋友圈。要守住生活关，培养健康情趣，崇尚简朴生活，保持共产党人本色。要守住亲情关，严格家教家风，既要自己以身作则，又要将亲属看得紧一点、管得勤一点。

三、勇于刀刃向内，清除侵蚀党的肌体的病毒

早在2017年党的十九大上，习近平总书记就明确指出党内存在诸多问题，尤其是在思想不纯、组织不纯、作风不纯等方面问题更为突出。2020年1月8日，习近平总书记在“不忘初心、牢记使命”主

题教育总结大会上的讲话中再次强调："党内存在的思想不纯、政治不纯、组织不纯、作风不纯等突出问题尚未得到根本解决。"[①]其表现形式包括一些党员干部特别是极少数高级干部野心膨胀、权欲熏心、对党不忠诚、独断专行，甚至小范围内搞起了分散主义、宗派主义、山头主义的拉帮结派，严重侵蚀党的思想道德基础，严重破坏党的团结和集中统一，严重损害党的形象、破坏党的政治生态，严重影响党和人民事业发展。这些突出问题不解决，党的先进性和纯洁性就可能弱化或损坏，党的初心使命和理想信念的根基就可能受到动摇，如此，就会为党在新时代进行长期执政设置障碍甚至埋下危险。

党的十八大以来，我们党高度重视并直面党和国家发展面临的一系列重大理论和现实问题，坚持实事求是、一切从实际出发的科学态度，迎难而上，推动党和国家事业取得历史性成就、发生历史性变革。无疑，坚持问题导向、真刀真枪解决现实问题也成为习近平总书记在新时代治国理政的一大鲜明特色。新时代我们党要扎实推进自我革命，就要树立强烈的问题意识，通过问题找到矛盾、真抓实干解决问题，从而使得我们党在直面矛盾、破解难题的过程中砥砺前行。从我们党的自身状况来看，经过百年的发展，党员队伍的质量，党所处的地位和环境，党所肩负的任务和目标，都发生了重大的变化。特别是党员干部队伍自身的变化存在着诸多与巩固执政地位、实现执政使命不相适应的方面。如何以科学的执政理念统一全党的思想，如何通过坚持问题导向、自我革命来加强党的建设，不断增强党的创造力、凝聚力和战斗力，进而实现党增强执政本领、提高执政能力、巩固执

① 习近平：《在"不忘初心、牢记使命"主题教育总结大会上的讲话》，《求是》2020年第13期。

政地位、维护执政安全、永葆党的生机活力的目标，是党在新的历史时期所要解决的重要课题。

在新时代坚持问题导向、勇于刀刃向内，就要驰而不息地抓好正风肃纪反腐。腐败是社会的毒瘤，也是一个世界性的难题。面对党内的腐败问题，习近平总书记不止一次讲到要面对问题，要解决问题，因为“敢于直面问题、勇于修正错误是我们党的显著特点和优势”[①]。党的十八大以来，以习近平同志为核心的党中央坚持反腐败无禁区、全覆盖、零容忍，着力遏制腐败滋生蔓延势头，以雷霆万钧之势取得了全面从严治党的显著成效。党的十八届六中全会提出了构建中国特色社会主义权力监督制约体制的重大课题，要坚定走党内监督与党外监督相结合的道路，着力形成对权力全程监督的新机制，形成了在党的统一领导下党委主责监督、纪委专责检查、巡视全面覆盖、问责与激励紧密结合的体制机制。当前，我们要深入推进党的自我革命，正视并解决腐败问题，就必须在反腐败斗争取得压倒性胜利并全面巩固之时，继续惩治群众身边的不正之风和腐败问题，坚决把党风廉政建设和反腐败斗争进行到底。

在管党治党实践中，以习近平同志为核心的党中央，以作风建设为突破口，紧紧围绕全面从严治党这个主线，把一体推进不敢腐、不能腐、不想腐作为反腐败斗争的基本方针，科学回答了“怎样管好党、治好党”这一时代之问。2012 年 11 月 15 日，刚当选中共中央总书记的习近平在会见中外记者时坚定地指出：“新形势下，我们党面临着许多严峻挑战，党内存在着许多亟待解决的问题。尤其是一些党

① 《习近平关于“不忘初心、牢记使命”论述摘编》，党建读物出版社、中央文献出版社 2019 年版，第 178 页。

员干部中发生的贪污腐败、脱离群众、形式主义、官僚主义等问题，必须下大气力解决。全党必须警醒起来。打铁还需自身硬。”[①]2013年1月22日，在十八届中央纪委二次全会上，习近平总书记对新时代反腐败斗争作出明确指示：“坚持‘老虎’、‘苍蝇’一起打，既坚决查处领导干部违纪违法案件，又切实解决发生在群众身边的不正之风和腐败问题。”[②]2022年1月18日，在十九届中央纪委六次全会上，习近平总书记指出：“只要存在腐败问题产生的土壤和条件，腐败现象就不会根除，我们的反腐败斗争也就不可能停歇。”[③]

“不得罪成百上千的腐败分子，就要得罪十四亿人民”。以习近平同志为核心的党中央反腐惩恶力度、广度、深度前所未有，我们党敢于刀刃向内、敢于刮骨疗毒、敢于壮士断腕，始终保持惩治腐败高压态势，不断清除一切损害党的先进性和纯洁性的因素，不断清除一切侵蚀党的健康肌体的病毒，兑现了“不论什么人，不论其职务多高，只要触犯了党纪国法，都要受到严肃追究和严厉惩处，决不是一句空话”的承诺，始终确保党不变质、不变色、不变味，确保党在新时代坚持和发展中国特色社会主义的历史进程中始终成为坚强领导核心，赢得了保持同人民群众的血肉联系、人民衷心拥护的历史主动，赢得了全党高度团结统一、走在时代前列、带领人民实现中华民族伟大复兴的历史主动。

十年来，从“形势依然严峻”到“形势依然严峻、任务依然艰巨”，再到“形势依然严峻复杂”，从“压倒性态势正在形成”到

① 《习近平谈治国理政》第1卷，外文出版社2018年版，第4页。
② 《习近平谈治国理政》第1卷，外文出版社2018年版，第388页。
③ 《习近平谈治国理政》第4卷，外文出版社2022年版，第551页。

“压倒性态势已经形成并巩固发展”，从“取得压倒性胜利”到“取得压倒性胜利并全面巩固”，在以习近平同志为核心的党中央坚强领导下，反腐败斗争真正做到了“抓铁有痕、踏石留印”。十年来，我们党强调必须把权力关进制度的笼子里，依纪依法设定权力、规范权力、制约权力、监督权力。党坚持不敢腐、不能腐、不想腐一体推进，惩治震慑、制度约束、提高觉悟一体发力，确保党和人民赋予的权力始终用来为人民谋幸福。坚持无禁区、全覆盖、零容忍，坚持重遏制、强高压、长震慑，坚持受贿行贿一起查。坚持有案必查、有腐必惩，以猛药去疴、重典治乱的决心，以刮骨疗毒、壮士断腕的勇气，坚定不移“打虎”“拍蝇”“猎狐”。坚决整治群众身边腐败问题，深入开展国际追逃追赃，清除一切腐败分子。

党风廉政建设和反腐败斗争首先要从政治上来看。我们必须清醒认识到，腐败和反腐败较量还在激烈进行，并呈现出一些新的阶段性特征，防范形形色色的利益集团成伙作势、“围猎”腐蚀还任重道远，有效应对腐败手段隐形变异、翻新升级还任重道远，彻底铲除腐败滋生土壤、实现海晏河清还任重道远，清理系统性腐败、化解风险隐患还任重道远。新征程上，我们要勇于自我革命，不断增强自我净化能力，就必须敢于刀刃向内、自剜腐肉，保持反腐败政治定力，坚持严的主基调不动摇，永远吹正风反腐的冲锋号，决不能滋生已经严到位、严到底的情绪，牢记反腐败永远在路上，只要存在腐败问题产生的土壤和条件，腐败现象就不会根除，我们的反腐败斗争也就不可能停歇。

第五章

勇于自我革命，不断增强自我完善能力

习近平总书记指出："自我完善，就是要修复肌体、健全机制、丰富功能，着眼于加强党的长期执政能力建设，着力补短板、强弱项，不断构建系统完备、科学规范、运行有效的制度体系，完善决策科学、执行坚决、监督有力的权力运行机制。"[①] 制度建设贯穿新时代党的建设各方面，就党的制度建设而言，增强自我完善能力，就要进一步完善相关制度，在堵塞漏洞、健全机制、提升党的长期执政能力上下功夫，充分发挥党内制度法规的重要作用。对党员领导干部而言，增强自我完善能力，就要学会批评和自我批评，全面检视自身优缺点，有计划、有步骤地自我改正。党性教育是共产党员的必修课，党员领导干部要不断加强党性修养，把党性教育作为自己的"心学"，自觉对照习近平新时代中国特色社会主义思想，对照党章党规，对照人民群众要求，着力解决好自身存在的马克思主义理论修养不足、实践锻炼不足、党性修养不足的问题，把党性要求内化为情感、意志和行动，用自己的一言一行教育、影响和带动广大群众，塑造共产党人的坚强品格。

① 《习近平关于防范风险挑战、应对突发事件论述摘编》，中央文献出版社 2020 年版，第 135 页。

一、坚持自我批评，全面检视自身优缺点

历史上，一切剥削阶级政党，由于同广大人民群众存在着根本利害冲突，必然不能发自内心地接受批评，也不可能开展真正的自我批评。当然，有时为了某一时期政治目的的需要，它们也会做出一些改正错误的姿态，暂时纠正一些错误。但是，从根本上认识错误、改正错误是不可能的。只有无产阶级政党才能真正开展自我批评。毛泽东指出："有无认真的自我批评，也是我们和其他政党互相区别的显著的标志之一。"①

从逻辑上来讲，在无产阶级革命中，"无产者在这个革命中失去的只是锁链。他们获得的将是整个世界"②。无产阶级政党作为先进生产力的代表，肩负着解放全人类的历史重任，因此他们不惧怕任何批评，为人类解放事业承认和揭露自己的错误正是无产阶级政党彻底革命精神的体现。正如毛泽东所说："因为我们是为人民服务的，所以，我们如果有缺点，就不怕别人批评指出。"③这种批评无论什么人提出，只要说得对，对人民有好处，共产党就接受。在现实政治生活中，无产阶级政党还要善于将这种批评转化为自我批评。

对一个政党来说，犯了一般性质的错误较为容易改正，要求这个政党承认、揭露自己的这种错误也不难；但是，在犯了严重错误的情况下，是否敢于公开进行自我批评，却是对一个政党的严峻考验。对

① 《毛泽东选集》第 3 卷，人民出版社 1991 年版，第 1096 页。
② 马克思、恩格斯：《共产党宣言》，人民出版社 2018 年版，第 65 页。
③ 《毛泽东选集》第 3 卷，人民出版社 1991 年版，第 1004 页。

于无产阶级政党来说，犯了严重错误公开承认并进行自我批评，不但不会损害党的形象，反而会提升党的形象。一个真正的无产阶级政党犯了错误，能否认真地进行自我批评，是衡量这个政党是否对人民负责、能否完全彻底地为人民服务的重要标准。由于中国共产党的出发点是全心全意为人民服务，党的事业完全合乎正义，所以中国共产党人从不害怕进行自我批评。对无产阶级政党来说，一旦犯了错误，就应该本着彻底的唯物主义精神，在政治上采取诚实的态度，大胆承认、勇于纠正。我们党正是因为具有这种大公无私和光明磊落的精神气度，才造就了党的自我批评的作风。

批评与自我批评是中国共产党的三大作风之一。在党的历史上，批评与自我批评是一体的：在很多时候，党内的互相批评最终要转化为自我批评，如此，才算达到了“既要弄清思想又要团结同志”的目的。无产阶级政党在走上政治历史舞台后，就把批评与自我批评作为自身建设的武器。马克思、恩格斯生前就与党内的各种错误思想作斗争，在对各种错误思想的批判中，马克思主义不断走向成熟和完善。列宁在缔造俄国布尔什维克党的过程中，正确运用了批评与自我批评的武器，他不但批评了党内存在的各种错误思潮，创建了列宁新型无产阶级政党学说，而且勇于承认错误，认真开展自我批评。中国共产党是以马克思主义为指导思想、按照马克思列宁主义建党原则建立起来的无产阶级政党，因此，中国共产党一诞生就具有批评与自我批评的基因，在长期的历史发展进程中，党自身又通过总结经验教训积累了批评与自我批评正反两方面的经验，最终形成了党的优良作风。

批评与自我批评是解决党内矛盾和斗争的锐利武器，是党内进行自我教育的一个好办法。对我们党来说，可以通过接受批评来了解自己工作的缺点和失误，如果没有这样的缺点和失误则可以警醒自己。所以，在一定条件下，批评可以转化为我们党的自我批评，进而找到今后工作的努力方向。对一个共产党员来说，不仅要进行自我批评，而且要本着对革命、对同志负责的精神，勇敢地拿起批评的武器。在马克思主义政党内部，要坚决反对“各人自扫门前雪，莫管他人瓦上霜”的自由主义态度，因为如果让这种取消批评和取消积极思想斗争的自由主义泛滥起来，会使党内好人主义等腐朽庸俗的作风盛行，如果任其发展下去，会使党和革命团体的某些组织、某些个人在政治上腐化起来。

党内开展批评与自我批评，其原因在于党内存在矛盾和斗争。党内矛盾和党内斗争，就其内容和性质而言，大量的是属于非对抗性的矛盾，即大量的矛盾是思想认识方面的正确与错误、先进与落后、新与旧等方面的矛盾，因此就必须寻找一个恰当的方法来解决，以推动党不断地向前发展。毛泽东把同错误思想作斗争比作种牛痘，经过牛痘疫苗的作用，可以增强免疫力；又把这种斗争比作打扫房子和洗脸，用批评与自我批评的方法清除党的肌体上的污垢，使之永远保持活力。中国共产党历来主张开展积极的思想斗争，因为这是达到党的团结，增强党的战斗力，使党发展壮大的有力武器。因此，通过开展批评与自我批评，是使党得到发展壮大的锐利武器。

党的十八大以来，以习近平同志为核心的党中央推动实施了一系列关于全面从严治党的举措，取得了历史性、开创性成就，产生了全方位、深层次影响。从全面从严治党给党所带来的变革程度来说，这无疑是一场刀刃向内的自我革命。根据习近平总书记的论述，自我革命不仅是一种精神，而且是十八大以来党的建设的实践。从理论渊源和实践渊源上来讲，自我革命来源于自我批评，是自我批评在新时代的延续、转化和升级。

习近平总书记指出："批评和自我批评是我们党强身治病、保持肌体健康的锐利武器，也是加强和规范党内政治生活的重要手段。"[①]长期以来，作为解决党内矛盾、加强党自身建设的利器，批评与自我批评发挥了重大作用。新时代，由于世界正经历百年未有之大变局，党要带领中华民族实现伟大复兴，党要下大气力解决党内各种矛盾和问题，就必须开展自我批评进行自我革命，以党的自我革命推进新时代伟大社会革命。

让批评和自我批评成为党内生活的常态。共产党人开展自我批评，根本动力来自党性，来自对党和人民事业高度负责的精神。党内批评和自我批评是解决党内矛盾、修正错误的基本方法，是在马克思主义原则基础上巩固和加强党的团结，加强党内监督，保持党的肌体健康、使党充满生机和活力的有力武器。它既是党的优良传统与作风的重要组成部分，又是坚持和发扬党的优良传统与作风的重要保障。

批评和自我批评是清除党内政治灰尘和政治微生物的有力武器。党内生活要有一定的庄重性、严肃性、政治性，要坚决反对党内生活庸俗化、随意化、平淡化倾向，坚决反对党内生活中的自由主义、好人主义。新征程上，我们要勇于自我革命，不断增强自我完善能力，就必须增强党内生活的政治性、时代性、原则性、战斗性，使各种形式的党内生活都有实质性内容，都能有针对性地解决问题；必须把批评和自我批评作为防身治病的有力武器，通过积极健康的思想斗

① 《习近平关于全面从严治党论述摘编》，中央文献出版社 2016 年版，第 171 页。

争，不断洗涤每个党员、干部的思想和灵魂。党员干部要有“检身若不及”的自觉，经常对照党的理论、对照党章党规党纪、对照初心使命、对照党中央部署要求，主动查找、勇于改正自身的缺点和不足。要本着对党、对事业、对同志高度负责的精神大胆开展批评，帮助同志发现缺点、改正错误，团结同志一道前进。要涵养虚心接受批评的胸怀和气度，胸襟开阔、诚恳接受，有则改之、无则加勉。

二、健全制度机制，着力补短板强弱项

早在党的六届六中全会上，我们党就非常重视党内制度建设，通过制定详细的党内法规，建立健全党内法规和制度，让党的工作和活动逐步实现规范化，以统一各级领导机关的行动的相关观点就被提了出来。当然，这是鉴于张国焘严重地破坏纪律的行为，在重申了党的纪律的基础上提出的，但是间接促进了党的制度建设。到共产党执政以后，党的制度建设已经成为一条新思路，在理论和实践中加强了党的建设、改善了党的领导，显示出独特的魅力，发挥了重大作用。中国共产党正是在制度建设上发力，才保证了新中国成立之后经济社会的快速发展，党的自身建设才得以取得巨大成就，党的执政地位才得以不断巩固。

随着改革开放的不断深入，尤其是在国内外复杂的环境中发展市场经济的背景下，党的制度建设在党的建设中的地位和作用更加彰显，成为推进党的建设新的伟大工程的新思路，一直被高度重视和大力推进。党的十一届三中全会后，鉴于历史经验教训和党内实际情

况，党的制度建设更是被放在更加突出的位置，不但在理论上对其进行了深入探索，在党的建设实践中也发挥了更加重要的作用。如逐步建立了党内选举、党的组织生活、党内政治生活、党的纪律、党内监督等系统完备、科学规范、运行有效的制度体系，干部选举、招考、任免、考核、轮换、职务任期等都有明确规定。与此同时，还强化了党内监督和检查机制，确保这些制度得到严格执行，使制度成为硬约束而不是橡皮筋。通过这些制度，巩固了党的建设的各项成果，有力推进了党的建设，确保了党的生机和活力。

进入新时代，我们党坚持用法治思维和法治方式管党治党，坚持思想建党和制度治党同向发力，促进党内各项事务的制度化、有序化和规范化，党的制度建设也进入新的发展阶段，尤其是出现了在中国共产党历史上具有划时代意义的事件——2013 年党内“立法法”出台，党的制度建设实现新的突破，更是“把权力关进制度的笼子里”的具体行动。之后，随着为党内法规制度体系建设提供基本依据和规范的《中国共产党党内法规制定条例》和《中国共产党党内法规和规范性文件备案规定》发布，党内法规的质量不断得到提高。一系列党内法规的形成和实施，为规范党组织和党员行为提供了重要制度保障，不仅全方位扎紧了制度笼子，也形成了党内法规制度体系基本框架，为党的长治久安提供了坚强制度保障。

习近平总书记指出：“加强党内法规制度建设是全面从严治党的长远之策、根本之策。我们党要履行好执政兴国的重大历史使命、赢得具有许多新的历史特点的伟大斗争胜利、实现党和国家的长治久安，必须坚持依法治国与制度治党、依规治党统筹推进、一体建设。”[①] 据统计，截至 2022 年 6 月，全党现行有效党内法规共 3718 部。其中，党中央制定的中央党内法规 221 部，中央纪委以及党中央有关部门制定的部委党内法规 170 部，省、自治区、直辖市党委制定的地方党内法规 3327 部。为了加快补齐制度短板和弱项，党中央领导统筹推进了各位阶、各类型、各领域的党内法规制定工作。党中央针对全党重大问题，出台 147 部实践急需、务实管用的中央党内法规，占现行有效中央党内法规 70%，填补大量制度空白，引领带动党内法规体系建设加速推进。中央纪律检查委员会以及党中央工作机关立足履行本领域党的工作职责，出台 100 部部委党内法规，占现行有效部委党内法规 61%，为加强党的各方面工作提供了重要遵循。省、自治区、直辖市党委立足本地区实际，出台 2184 部地方党内法规，占现行有效地方党内法规 67%，推动党中央决策部署在本地区落实落地。在统筹推进各类型党内法规制定工作方面，党中央将制定准则、条例作为建设党内法规体系的主体工程，着眼规范党的领导和党的建设各方面重要关系、重要工作，出台 42 部准则、条例，占现行有效准则、条例 91%，加快健全党内法规体系的“四梁八柱”。在统筹推进各领域党内法规制定工作方面，党中央、中央纪律检查委员会以及党中央工作机关和省、自治区、直辖市党委，注重党内法规体系各板块的衔接呼应、互联互动，出台党的组织法规 94 部、党的领导法规 554 部、党的自身建设法规 866 部、党的监督保障法规 916 部，推动各领域党内法规制度保障整体推进、协调发展。[②]

党的十八大以来，我们党还构建起党全面领导的反腐败工作格

① 习近平：《论坚持全面依法治国》，中央文献出版社 2020 年版，第 169 页。
② 参见《中国共产党党内法规体系》，《人民日报》2021 年 8 月 4 日。

局，健全了党中央统一领导、各级党委统筹指挥、纪委监委组织协调、职能部门高效协同、人民群众参与支持的反腐败工作体制机制。从治标入手，把治本寓于治标之中，让党员干部因敬畏而“不敢”、因制度而“不能”、因觉悟而“不想”。始终坚持严的主基调不动摇，以零容忍态度惩治腐败，坚决遏制增量、削减存量，严肃查处阻碍党的理论和路线方针政策贯彻执行、严重损害党的执政根基的腐败问题，坚决清除对党阳奉阴违的两面人、不收敛不收手的腐败分子，深化重点领域反腐败工作。扎紧防治腐败的制度笼子，形成了一整套比较完善的党内法规体系和反腐败法律体系，增强制度刚性，防止“破窗效应”，贯通执纪执法，强化综合效能，确保各项法规制度落地生根。加强对权力运行的制约和监督，深化党的纪律检查体制改革、国家监察体制改革，实现党内监督全覆盖、对公职人员监察全覆盖，强化党的自我监督和群众监督，把发现问题、推动整改、促进改革、完善制度贯通起来，教育引导党员干部秉公用权、依法用权、廉洁用权、为民用权。

进一步强化制约、强化监督、强化公开、强化责任追究，“把权力关进制度的笼子里”。反腐倡廉，制度是保证。习近平总书记特别强调“把权力关进制度的笼子里”。制度是具有普遍性的行为规范，它要求人们可以做什么、不可以做什么；可以怎样做、不可以怎样做。同时，制度是具有强制性的行为规范，它要求人们必须执行制度，如果违反了制度就必然受到制度的惩处。新征程上，我们要勇于自我革命，不断增强自我完善能力，就必须健全体制机制，补短板、强弱项，加强反腐倡廉制度建设，把权力关进制度的笼子里，形成不敢腐的惩戒机制、不能腐的防范机制、不易腐的保障机制，从而对惩治和预防腐败起到保证作用；就必须进一步强化对权力的制约、强化对权力的监督、强化权力公开、强化对掌权者以权谋私的责任追究。只有如此，才能防止权力滥用，才能从根本上推进党风廉政建设，才能取得反腐败斗争的更大成效。

三、牢记初心使命，修好共产党人的“心学”

习近平总书记强调：“不忘初心，方得始终。中国共产党人的初心和使命，就是为中国人民谋幸福，为中华民族谋复兴。这个初心和使命是激励中国共产党人不断前进的根本动力。”① 在党的二十大报告中，习近平总书记强调：“中国共产党已走过百年奋斗历程。我们党立志于中华民族千秋伟业，致力于人类和平与发展崇高事业，责任无比重大，使命无上光荣。全党同志务必不忘初心、牢记使命，务必谦虚谨慎、艰苦奋斗，务必敢于斗争、善于斗争，坚定历史自信，增强历史主动，谱写新时代中国特色社会主义更加绚丽的华章。”②

不忘初心、牢记使命，就是要不忘中国共产党人为中国人民谋幸福、为中华民族谋复兴的初心和使命，这是中国共产党人的“心学”。100 多年来，中国共产党能够在那么弱小的情况下逐步发展壮大起来，能够在腥风血雨中一次次绝境重生，能够在攻坚克难中不断从胜利走向胜利，根本原因就在于中国共产党不管是处于顺境还是逆境，始终

① 《习近平关于“不忘初心、牢记使命”论述摘编》，党建读物出版社、中央文献出版社 2019 年版，第 11 页。
② 习近平：《高举中国特色社会主义伟大旗帜 为全面建设社会主义现代化国家而团结奋斗——在中国共产党第二十次全国代表大会上的报告》，人民出版社 2022 年版，第 1—2 页。

坚守为中国人民谋幸福、为中华民族谋复兴的初心和使命。党的十八大以来，习近平总书记反复强调全党同志要不忘初心、牢记使命，在十八届中央政治局常委同中外记者见面会上就深刻阐述了新时代中国共产党人肩上担负的对民族、对人民、对党的责任。

党的初心和使命是党的性质宗旨、理想信念、奋斗目标的集中体现，激励着中国共产党人永远坚守，砥砺着中国共产党人勇毅前行。中国共产党的宗旨就是全心全意为人民服务。全心全意为人民服务，始终代表中国最广大人民的根本利益，这是我们党 100 多年来的基本实践，也是党的生命和力量所在。全心全意为人民服务是毛泽东思想、邓小平理论、“三个代表”重要思想、科学发展观、习近平新时代中国特色社会主义思想的精髓，是共产党人一以贯之的重要思想。早在 1943 年，毛泽东在起草中共中央对党内的指示中就提出“为群众服务”的思想。1944 年 9 月 8 日，毛泽东在张思德追悼会上发表的著名讲演《为人民服务》中，第一次从理论上系统阐述了为人民服务的科学内涵。为了确立为人民服务思想在党和人民政权建设中的地位，使其成为全党的自觉行动，1945 年党的七大第一次把全心全意为人民服务提到了“党的唯一宗旨”的高度，并作为党的优良作风的核心内容之一写进了党章。从此，“为人民服务”作为党的根本出发点和落脚点，成为每一个共产党人的行为准则和战胜一切敌人的重要法宝，对党的建设特别是党员、干部队伍建设产生了极其重要的影响。

新中国成立后，邓小平针对新的形势和任务，对坚持和实践党的宗旨作出了一系列重要论述。在党的八大上，邓小平在《关于修改党的章程的报告》中指出：“党的全部任务就是全心全意地为人民群众服务。”[①]第一次把党的宗旨提到“党的全部任务”的高度来认识。党的八大召开后不久，邓小平对这一思想又作了进一步的阐述，强调指出：“中国共产党员的含意或任务，如果用概括的语言来说，只有两句话：全心全意为人民服务，一切以人民利益作为每一个党员的最高准绳。”[②]进入改革开放和社会主义现代化建设新时期，邓小平把执政党的领导作用和全心全意为人民服务紧密地联系起来，明确提出了“领导就是服务”的观点。他要求全党同志在工作中自觉把人民“高兴不高兴、满意不满意、赞成不赞成、答应不答应”作为制定和执行政策的基点和归宿，把包括是否有利于提高人民的生活水平在内的三个“是否有利于”作为最终判断是非得失的根本标准。这一系列重要论断，赋予了为人民服务新的内涵，使这一思想得到进一步发展，构成了更加完整、科学的为人民服务思想体系。

2019 年 6 月 24 日，习近平总书记在十九届中央政治局第十五次集体学习时，首次提出“把不忘初心、牢记使命作为加强党的建设的永恒课题，作为全体党员、干部的终身课题”之后，在党的十九届四中全会上、在中共中央政治局专题民主生活会上、在“不忘初心、牢记使命”主题教育总结大会上，他都明确强调要把不忘初心、牢记使命作为加强党的建设的永恒课题。为什么要把不忘初心、牢记使命作为加强党的建设的永恒课题？这是因为，党的初心和使命回答的是中国共产党的大本大源问题。2016 年 7 月 1 日，在庆祝中国共产党成立 95 周年大会上，习近平总书记指出：“我们党已经走过了 95 年的历程，但我们要永远保持建党时中国共产党人的奋斗精神，永远保

① 《邓小平文选》第 1 卷，人民出版社 1994 年版，第 217 页。
② 《邓小平文选》第 1 卷，人民出版社 1994 年版，第 257 页。

持对人民的赤子之心。一切向前走，都不能忘记走过的路；走得再远、走到再光辉的未来，也不能忘记走过的过去，不能忘记为什么出发。”[①]2018 年 1 月 5 日，在新进中央委员会的委员、候补委员和省部级主要领导干部学习贯彻习近平新时代中国特色社会主义思想和党的十九大精神研讨班上，习近平总书记强调：“我在党的十九大报告开宗明义就强调不忘初心，牢记使命。这个话，党的十八大以来我反复在讲，目的就是提醒全党不要忘了中国共产党是什么、要干什么这个根本问题，不要在日益复杂的斗争中迷失了自我、迷失了方向。”[②]

2019 年 5 月 31 日，在“不忘初心、牢记使命”主题教育工作会议上，习近平总书记指出：“前几天，我去了江西于都，参观中央红军长征出发地，目的是缅怀当年党中央和中央红军在苏区浴血奋战的峥嵘岁月，牢记红色政权是从哪里来的、新中国是怎么建立起来的，不忘历史、不忘初心。”[③]2019 年 6 月 24 日，在十九届中央政治局第十五次集体学习时，习近平总书记强调：“我们党作为百年大党，如何永葆先进性和纯洁性、永葆青春活力，如何永远得到人民拥护和支持，如何实现长期执政，是我们必须回答好、解决好的一个根本性问题。我们党要求全党同志不忘初心、牢记使命，就是要提醒全党同志，党的初心和使命是党的性质宗旨、理想信念、奋斗目标的集中体现，越是长期执政，越不能忘记党的初心使命，越不能丧失自我革命

① 《习近平关于“不忘初心、牢记使命”论述摘编》，党建读物出版社、中央文献出版社 2019 年版，第 6 页。
② 《习近平关于“不忘初心、牢记使命”论述摘编》，党建读物出版社、中央文献出版社 2019 年版，第 15 页。
③ 《习近平关于“不忘初心、牢记使命”论述摘编》，党建读物出版社、中央文献出版社 2019 年版，第 247 页。

精神。”[①]

2019年12月26日至27日，在中共中央政治局专题民主生活会上，习近平总书记强调：“不忘初心、牢记使命，说到底是为什么人、靠什么人的问题。以百姓心为心，与人民同呼吸、共命运、心连心，是党的初心，也是党的恒心。”[②]在“不忘初心、牢记使命”主题教育总结大会上，他鲜明指出：“初心不会自然保质保鲜，稍不注意就可能蒙尘褪色，久不滋养就会干涸枯萎，很容易走着走着就忘记了为什么要出发、要到哪里去，很容易走散了、走丢了。”[③]习近平总书记在中共中央政治局专题民主生活会上的讲话中强调：“我们党一路走来，成就举世瞩目，根本原因就在于我们党始终坚守了为中国人民谋幸福、为中华民族谋复兴的初心和使命。不忘初心方能行稳致远，牢记使命才能开辟未来。我们党要始终保持政治本色和前进动力，就要把不忘初心、牢记使命作为加强党的建设的永恒课题，作为全体党员、干部的终身课题，让初心和使命在广大党员、干部内心深处铸牢、在思想深处扎根。”[④]习近平总书记指出：“我们查处的那些腐败分子，之所以跌入违纪违法的陷阱，从根本上讲就是把初心和使命抛到九霄云外去了。不忘初心、牢记使命不是一阵子的事，而是一辈子的事，每个党员都要在思想政治上不断进行检视、剖析、反思，不断去杂质、

---

① 《习近平关于“不忘初心、牢记使命”论述摘编》，党建读物出版社、中央文献出版社2019年版，第178—179页。

② 《中共中央政治局召开专题民主生活会强调 带头把不忘初心牢记使命作为终身课题 始终保持共产党人的政治本色和前进动力 中共中央总书记习近平主持会议并发表重要讲话》，《人民日报》2019年12月28日。

③ 习近平：《在“不忘初心、牢记使命”主题教育总结大会上的讲话》，《求是》2020年第13期。

④ 《中共中央政治局召开专题民主生活会强调 带头把不忘初心牢记使命作为终身课题 始终保持共产党人的政治本色和前进动力 中共中央总书记习近平主持会议并发表重要讲话》，《人民日报》2019年12月28日。

除病毒、防污染。”[①]“不忘初心、牢记使命要靠全党共同努力来实现，每一个党员、干部特别是领导干部必须常怀忧党之心、为党之责、强党之志，积极主动投身到这次主题教育中来。”[②]

习近平总书记指出：“人民立场是中国共产党的根本政治立场，是马克思主义政党区别于其他政党的显著标志。”[③]马克思主义政党是为人民谋福利、谋幸福的，是始终代表人民利益、站在人民一边的。不是所有的主义都选择人民立场，人民立场是马克思主义最鲜明的政治立场。始终站在人民的立场，这一点马克思、恩格斯很早就明确提出来了。马克思、恩格斯还旗帜鲜明地认为，推动社会发展的力量来自人民群众，人民立场是中国共产党的必然选择。以马克思主义为指导思想的政党也必然是坚定人民立场的政党，中国共产党就是如此，来源于人民、植根于人民、服务于人民，从成立就选择人民立场，不断地为人民谋幸福而奋斗。具有坚定的人民政治立场，是中国共产党的鲜明特征，是一个优良传统，更是中国共产党不断前行的动力。党的政治主张需要得到广大人民的支持，党的任务要靠人民的拥护和支持完成。

可见，中国共产党是什么、要干什么，为什么出发、要到哪里去，为什么人、靠什么人，红色政权是从哪里来的、新中国是怎么建立起来的，这些问题就是中国共产党的大本大源的问题，归根结底，就是中国共产党人的初心和使命问题。一个人也好，一个政党也好，最难得的就是历经沧桑而初心不改、饱经风霜而本色依旧。新征

① 习近平：《在“不忘初心、牢记使命”主题教育总结大会上的讲话》，《求是》2020年第13期。
② 习近平：《牢记初心使命，推进自我革命》，《求是》2019年第15期。
③ 《习近平关于全面从严治党论述摘编》，中央文献出版社2016年版，第169页。

程上，我们要勇于自我革命，不断增强自我完善能力，就必须深入贯彻以人民为中心的发展思想，牢牢把不忘初心、牢记使命作为加强党的建设的永恒课题，作为党员、干部的终身课题，修好共产党人的“心学”，教育引导各级党组织和广大党员、干部经常进行思想政治体检，同党中央要求“对标”，拿党章党规“扫描”，用人民群众新期待“透视”，同先辈先烈、先进典型“对照”，不断叩问初心、守护初心，不断坚守使命、担当使命，解决好人民群众急难愁盼的操心事、烦心事、揪心事，守住人民的心，始终保持同人民群众的血肉联系，始终做到初心如磐、使命在肩。

第六章

勇于自我革命，不断增强自我革新能力

习近平总书记指出："自我革新，就是要与时俱进、自我超越，善于调动全党积极性、主动性、创造性，坚决破除一切不合时宜的思想观念和体制机制弊端，通过改革和制度创新压缩腐败现象生存空间和滋生土壤，营造风清气正的政治生态。"[①] 增强自我革新能力，必须用先进的理论武装自己，坚持用马克思主义，特别是用当代中国马克思主义、二十一世纪马克思主义武装头脑、指导实践、推动工作。必须紧跟时代发展，不断解放思想、更新观念，自觉把思想从一些不合时宜的观念、做法和体系中解放出来，从对马克思主义的教条式理解中解放出来，从主观主义和形而上学的桎梏中解放出来，自我革新才能推陈出新，才能破除思想藩篱，深刻把握时代发展大势，创造性地抓好工作落实，才能真正做到自信自强、守正创新、勇立潮头、开辟未来，彰显共产党人的开拓进取精神。

一、用先进的科学的理论武装头脑

指导思想是党具有生命力和创造力的灵魂和根本。改革开放之初，坚持马克思主义和社会主义的问题被邓小平反复强调，充分说明

① 《习近平关于防范风险挑战、应对突发事件论述摘编》，中央文献出版社 2020 年版，第 135 页。

了党的指导思想的重要性和对指导思想的重视。他说："我们搞改革开放，把工作重心放在经济建设上，没有丢马克思，没有丢列宁，也没有丢毛泽东。老祖宗不能丢啊！"[①] 中国共产党成立100多年来，不断坚持和发展马克思主义是其一贯的原则，赋予了马克思主义勃勃生机。在革命战争年代，中国共产党用马克思主义指导革命实践，深刻改变了中国人民的命运，取得了革命的胜利，还推进了马克思主义中国化。社会主义建设时期和改革开放以来，继续发挥马克思主义对社会主义建设和改革开放实践的指导作用，保证了我们在前进的道路上不迷失方向。新时代背景下，要继续推进马克思主义中国化，不断指导中国特色社会主义建设取得新成就，续写马克思主义中国化新篇章。

中国共产党成立以后，为领导中国革命取得胜利，进一步推动马克思主义中国化时代化，进行了努力探索和实践，并取得巨大的成就，创立了毛泽东思想，指导了中国革命斗争取得胜利。毛泽东思想，就是马克思列宁主义的理论与革命的实践之统一的思想，就是中国的共产主义、中国的马克思主义。革命的胜利并不意味着可以抛弃指导思想，更不意味着指导思想不再发展。新中国成立后，中国共产党更加重视指导思想的与时俱进，更加注重马克思主义与中国具体实际相结合。

改革开放之后，中国共产党始终坚持运用马克思主义立场、观点、方法，及时总结党领导人民创造的新鲜经验，准确把握社会主义初级阶段基本国情，从我国的实际出发，不断作出新的理论概括，顺应

① 《邓小平文选》第3卷，人民出版社1993年版，第369页。

了党和人民事业发展的客观需要。特别是在执政党建设方面，邓小平执政党建设理论初步回答了在社会主义改革开放和现代化建设条件下党的建设的一系列基本问题，他在改革之初就提出了“执政党应该是一个什么样的党，执政党的党员应该怎样才合格，党怎样才叫善于领导”的问题，强调要切实加强党的建设，把党建设成为有战斗力的马克思主义政党，成为领导人民进行社会主义现代化建设的坚强核心，初步回答了“建设什么样的党、怎样建设党”的问题。

“三个代表”重要思想论述了包含着对党的建设一系列问题特别是党的性质、根本宗旨和历史任务的新概括，提出在新的历史条件下加强党的建设，必须切实解决好提高党的领导水平和执政水平、提高拒腐防变和抵御风险能力这两大历史性课题，把党建设成为用邓小平理论武装起来、全心全意为人民服务、思想上政治上组织上完全巩固、能够经受住各种风险、始终走在时代前列、领导全国人民建设中国特色社会主义的马克思主义政党，创造性地回答了建设什么样的党、怎样建设党的问题。科学发展观进一步确立了党的建设的根本目的，使党的建设与党的政治路线、党所承担的历史重任统一起来。

党的十六大之后，按照科学发展观的要求建设党，党的建设理论创新的内容十分丰富，不仅在党的思想理论建设、组织建设、作风建设、制度建设、反腐倡廉建设等各个方面都创立了一些新的思想观点，而且提出了贯穿于党的建设各个方面的重点和主线，从而形成了我们党以加强党的执政能力建设为重点，以党的先进性建设为主线，全面推进党的建设新的伟大工程。

党的十八大以来，中国特色社会主义进入新时代。随着国内外形势新变化和实践新要求，迫切需要我们从理论和实践的结合上深入回答关系党和国家事业发展、党治国理政的一系列重大时代课题。以习近平同志为主要代表的中国共产党人，坚持把马克思主义基本原理同中国具体实际相结合、同中华优秀传统文化相结合，坚持毛泽东思想、邓小平理论、“三个代表”重要思想、科学发展观，深刻总结并充分运用党成立以来的历史经验，从新的实际出发，创立了习近平新时代中国特色社会主义思想。

推进马克思主义中国化时代化是一个追求真理、揭示真理、笃行真理的过程。习近平总书记对关系新时代党和国家事业发展的一系列重大理论和实践问题进行了深邃思考和科学判断，就新时代坚持和发展什么样的中国特色社会主义、怎样坚持和发展中国特色社会主义，建设什么样的社会主义现代化强国、怎样建设社会主义现代化强国，建设什么样的长期执政的马克思主义政党、怎样建设长期执政的马克思主义政党等重大时代课题，提出一系列原创性的治国理政新理念新思想新战略，是习近平新时代中国特色社会主义思想的主要创立者。习近平新时代中国特色社会主义思想是当代中国马克思主义、二十一世纪马克思主义，是中华文化和中国精神的时代精华，实现了马克思主义中国化新的飞跃。党的十九大、十九届六中全会提出的“十个明确”“十四个坚持”“十三个方面成就”概括了习近平新时代中国特色社会主义思想的主要内容，必须长期坚持并不断丰富发展。

习近平新时代中国特色社会主义思想，体系严整、逻辑严密、内涵丰富、博大精深，闪耀着马克思主义真理光辉。这一思想贯通马克思主义哲学、政治经济学、科学社会主义，贯通历史、现实和未来，贯通改革发展稳定、内政外交国防、治党治国治军等各领域，既坚持了老祖宗，又讲了很多新话，使我们党对共产党执政规律、社会主义建设规律、人类社会发展规律的认识达到了新高度，为发展马克思主义作出了原创性贡献。习近平新时代中国特色社会主义思想，充满了对马克思主义的坚定信仰，充满了对社会主义和共产主义的坚定信念，展现了当代中国共产党人的政治品格、价值追求、精神风范。

党确立习近平同志党中央的核心、全党的核心地位，确立习近平新时代中国特色社会主义思想的指导地位，反映了全党全军全国各族人民共同心愿，对新时代党和国家事业发展、对推进中华民族伟大复兴历史进程具有决定性意义。

正如恩格斯所指出的："马克思的整个世界观不是教义，而是方法。它提供的不是现成的教义，而是进一步研究的出发点和供这种研究使用的方法。"①理论创新每前进一步，理论武装就要跟进一步。新征程上，我们要勇于自我革命，不断增强自我革新能力，就必须坚持用习近平新时代中国特色社会主义思想武装全党、教育人民，为全面建成社会主义现代化强国、实现中华民族伟大复兴统一思想认识、明确前进方向、凝聚奋进力量。实践没有止境，理论创新也没有止境。不断谱写马克思主义中国化时代化新篇章，是当代中国共产党人的庄严历史责任。我们要继续推进实践基础上的理论创新，首先要把握好习近平新时代中国特色社会主义思想的世界观和方法论，坚持好、运用好贯穿其中的立场观点方法，即必须坚持人民至上、必须坚持自信自立、必须坚持守正创新、必须坚持问题导向、必须坚持系统观念、必须坚持胸怀天下。

---

① 《马克思恩格斯选集》第 4 卷，人民出版社 2012 年版，第 664 页。

二、驰而不息推进作风建设永远在路上

干部的生活作风和工作作风问题绝不是小事。早在 2007 年，习近平同志在浙江工作时就在《生活情趣非小事》这篇文章中写道："风成于上，俗形于下。领导干部的生活作风和生活情趣，不仅关系着本人的品行和形象，更关系到党在群众中的威信和形象，对社会风气的形成、对大众生活情趣的培养，具有'上行下效'的示范功能。""一名领导干部的蜕化变质往往就是从生活作风不检点、生活情趣不健康开始的，往往都是从吃喝玩乐这些看似小事的地方起步的。如果领导干部生活作风上不检点、不正派，在道德情操上打开了缺口，出现了滑坡，那就很难做到清正廉洁，很难对社会风气起到正面引导和促进作用。"①

2009 年，习近平同志在中央党校秋季学期第二批进修班开学典礼上对党员领导干部提出要求，强调党员领导干部要切实解决好保持高尚的道德情操和健康的生活情趣问题。他说，道德问题是做人的首要的基本问题。古人说"百行以德为首"，讲的就是这个道理。大量情况表明，道德情操与生活情趣是紧密联系在一起的。许多腐败分子走上犯罪道路，大多是从操守不严、品行不端、道德败坏开始的。习近平总书记告诫全党，工作作风上的问题绝对不是小事，如果不坚决纠正不良风气，任其发展下去，就会像一座无形的墙把我们党和人民群众隔开，我们党就会失去根基、失去血脉、失去力量。

党的十八大以来，作风建设成为我们党治国理政的抓手。先是

① 习近平：《之江新语》，浙江人民出版社 2007 年版，第 261 页。

2012 年 12 月 4 日中共中央政治局召开会议，审议通过了关于改进工作作风、密切联系群众的八项规定。接着在全党开展了以为民务实清廉为主要内容的党的群众路线教育实践活动。中央八项规定的内容，都是日常工作中的一些具体问题，甚至是长期以来被人们视为细小琐事的问题。古语说“勿以恶小而为之”，众所周知的一个道理是蚁穴虽小，却能毁万里长堤。从这个意义上看，日常工作中的具体事情，的确都是事关党的工作作风的大事。在我们党的历史上，出台的党规党纪在实践中或被打了折扣，或变味走样，或不能坚持长久，甚或拒不贯彻落实的现象也不少见。所以百姓形成一种看法：听着上面的精神很好，但往往最终落实下来却不是那么回事。为防止中央八项规定成为“一阵风”和“走形式”，使其发挥长效作用，习近平总书记强调，作风问题具有反复性和顽固性，不可能一蹴而就、毕其功于一役，更不能一阵风、刮一下就停，必须经常抓、长期抓，在改进作风上立新规、动真格、求实效、防反弹。习近平总书记还强调，中央八项规定是一个切入口和动员令，既不是最高标准，更不是最终目的，只是我们改进作风的第一步，是我们作为共产党人应该做到的基本要求。要以踏石留印、抓铁有痕的劲头抓下去，善始善终、善作善成，让人民群众不断看到作风建设上取得的实实在在的成效和变化。

进入新时代，以习近平同志为核心的党中央下大力气改进作风、纠正“四风”，作风建设呈现出前所未有的新局面。但党的作风建设始终是摆在我们面前的一项重大而紧迫的任务，抓作风建设一丝都不能放松、一刻都不能停顿。2017 年，习近平总书记就新华社一篇题为《形式主义、官僚主义新表现值得警惕》的文章作出指示，指出文章反映的情况，看似新表现，实则老问题，再次表明“四风”问题具有顽固性反复性。因此，习近平总书记强调，纠正“四风”不能止步，作风建设永远在路上。新华社的文章指出了当前形式主义、官僚主义在贯彻落实、调查研究、服务群众、项目建设、召开会议、改进文风、责任担当、工作实效、履行职责、对待问题等几个方面的突出表现，“门好进、脸好看”，就是“事难办”，“不怕群众不满意，就怕领导不注意”“材料出政绩”……诸如此类。如果任其发展下去，不但十八大以来党的作风建设的成果可能毁于一旦，也会严重影响党群关系，动摇人民群众对党的信任，危害党的执政根基，“一害人民二害党”的说法绝非危言耸听。

作风问题根本上是党性问题，必须高度重视，常抓不懈。习近平总书记强调：“作风问题根本上是党性问题。作风反映的是形象和素质，体现的是党性，起决定作用的也是党性。”“要举一反三，透过作风看党性，在解决作风问题的基础上解决好党性问题。”[①] 党的优良作风是党在长期实践中形成的，是经过百年风雨磨炼铸就的宝贵精神财富。对我们共产党人来讲，能不能解决好作风问题，是衡量对马克思主义信仰、对社会主义和共产主义信念、对党和人民是否忠诚的一把十分重要的尺子。我们党作为马克思主义执政党，不但要有强大的真理力量，而且要有强大的人格力量；真理力量集中体现为党的正确理论，人格力量集中体现为党的优良作风。我们党要巩固长期执政地位，要永葆马克思主义政党的性质和本色，对作风问题任何时候都不能掉以轻心。

作风建设的核心是保持党同人民群众的血肉联系，必须把人民放

① 《习近平关于全面从严治党论述摘编》，中央文献出版社 2016 年版，第 154 页。

在心中最高位置。习近平总书记指出："党的作风正，人民的心气顺，党和人民就能同甘共苦。"[①]新时代加强党的作风建设，必须紧紧围绕保持党同人民群众的血肉联系，增强群众观念和群众感情，不断厚植党执政的群众基础。党的事业能不能顺利发展，关键就在我们党能不能始终坚持党的群众路线，始终保持同人民群众的血肉联系。人民对美好生活的向往，就是我们的奋斗目标。要教育引导党员干部牢记党的宗旨，坚持走好党的群众路线，树立正确政绩观，真抓实干，转变作风。

作风建设的关键在于解决问题、务求实效。习近平总书记指出："我们抓作风建设，归根到底，就是希望各级干部都能树立和发扬好的作风，既严以修身、严以用权、严以律己，又谋事要实、创业要实、做人要实。"[②]"三严三实"是对各级干部改进作风的必然要求，必须体现在抓作风建设各项工作之中，体现在各级干部首先是各级领导干部的实际行动之中。各级干部要对党忠诚，理论联系实际，始终坚守党全心全意为人民服务的根本宗旨，坚持自我批评，敢于斗争。在革命、建设、改革长期实践中，我们党始终要求全党同志坚持和传承光荣传统，发扬优良作风。应当看到，党内在作风方面还存在着这样或那样的问题，一些地方和部门"四风"问题反弹，形式主义、官僚主义和特权思想、特权现象依然存在，有的还很严重。这些问题群众深恶痛绝、反映强烈，严重损害党群干群关系，必须下大气力解决。只有以作风建设的实际成效取信于民，才能带领人民群众为实现美好生活而不懈奋斗。

① 《习近平关于全面从严治党论述摘编》，中央文献出版社 2016 年版，第 170 页。
② 《习近平关于全面从严治党论述摘编》，中央文献出版社 2016 年版，第 158 页。

作风建设永远在路上，永远没有休止符。习近平总书记指出："在改进作风问题上，我们不能退，也退不得，必须保持常抓的韧劲、长抓的耐心，在坚持中见常态，向制度建设要长效。"[①] 作风问题具有顽固性和反复性，作风建设永远在路上，必须以最认真的态度抓常、抓细、抓长。抓常，就是要经常抓、见常态。要善于把作风建设融入党的政治建设、思想建设、组织建设、纪律建设、制度建设和反腐败斗争，使作风建设随着党的建设各项工作的推进而同步深化，形成抓作风促工作、抓工作强作风的良性循环。抓细，就是要深入抓、见实招。作风建设重在抓细节，积小胜为大胜。抓长，就是要持久抓、见长效。只有常抓不懈，才能实现作风建设制度化、规范化、常态化、长效化。

新征程上，我们党面临的执政环境更加复杂，各种风险挑战也更加严峻，精神懈怠危险、能力不足危险、脱离群众危险和消极腐败危险还将长期存在。新征程上，我们要勇于自我革命，不断增强自我革新能力，就必须牢记习近平总书记关于作风建设的重要指示精神，以永远在路上的执着，持之以恒发扬党的光荣传统和优良作风，以坚强的党性锻造优良作风，以钉钉子精神把作风建设引向深入，使作风建设成为我们党自我净化、自我完善、自我革新、自我提高的有效途径，最终跳出治乱兴衰的历史周期率。

① 《习近平关于协调推进"四个全面"战略布局论述摘编》，中央文献出版社 2015 年版，第 146 页。

三、营造风清气正的党内政治生态

政治，说到底是人的政治。我们要营造的党内政治生态是风清气正的政治生态。在这里，如果说“风”和“气”是这种政治生态本身的话，那么“清”和“正”则是这一政治生态的灵魂和标杆。那么，谁是营造风清气正的党内政治生态的中坚力量？毫无疑问，是我们党的领导干部特别是高级领导干部。因为，所有不清不正的思想和行动，不论其具体表现怎样，都有一个共同的本质性特征：以权谋私。职位越高，掌握的权力就越大，其影响力也就越大。只要领导干部特别是高级领导干部风清气正，党内政治生态就会风清气正。这就是上行下效的力量。现实当中，的确有不少领导干部因为个人在政治追求、生活情趣方面的不良嗜好，致使一些别有用心之人顺其所愿、投其所好，大搞收买贿赂。这样不仅使领导干部陷入利益集团的“围猎”，还助长了党内人身依附关系，小山头、小圈子、小团伙以及行贿受贿腐败现象的滋生，严重污染党内政治生态。可见，党员、干部特别是领导干部不仅是党内政治生态的参与者、建设者，也是党内政治生态的示范者、引导者，同时还应当成为党内政治生态的维护者、捍卫者。正是出于这种原因和考虑，我们党始终要求党员、干部特别是领导干部要加强党性修养和养成优良作风，并不断出台一些制度规范，为领导干部架起“高压线”、筑就“防火墙”、树立“新标杆”。

2015 年 1 月，针对党内存在的思想、政治、组织、作风不纯等突出问题，尤其是党内政治不纯的问题，习近平总书记在十八届中央纪委五次全会上围绕着政治建设问题提出了“重构政治生态”这个概念。“重构政治生态”这个概念对于党的建设尤其是对于党的政治建设而言至关重要。应该正视问题、解决问题，既要“对作风之弊、行为之垢”进行大扫除、大清查，营造风清气正的政治环境，又要着手进行政治文化建设、政治生活有序开展，通过严肃党规党纪的执行，来永葆共产党人清正廉洁的政治本色。

2015 年 3 月，习近平总书记全国两会期间在参加吉林代表团审议时指出，做好各方面工作，必须有一个良好政治生态。政治生态污浊，从政环境就恶劣；政治生态清明，从政环境就优良。政治生态如同自然生态一样，稍不注意，就容易受到污染，一旦出现问题，再想恢复就要付出很大代价。习近平总书记把一个生态学的概念用到政治领域，需要我们深刻认识和深层次把握。实际上，早在 2013 年 1 月召开的十八届中央纪委二次全会上，习近平总书记就提出“营造廉洁从政的良好环境”，“改进工作作风，就是要净化政治生态，营造廉洁从政的良好环境”[①]。2014 年 6 月 30 日，习近平总书记在十八届中央政治局第十六次集体学习时强调：“营造良好从政环境，要从人抓起，从人做起，也就是要从各级领导干部首先是高级干部做起。”[②]2016 年，在十八届中央政治局第三十三次集体学习时他再一次强调，“纠正‘劣币驱逐良币’的逆淘汰，以用人环境的风清气正促进政治生态的‘山清水秀’”[③]。要深化标本兼治，保证干部清正、政府清廉、政治清明，为继续推进改革开放营造海晏河清的政治生态。应该说，提出“净化政治生态”，既包含从当前问题入手，以强硬手腕解决的内容，

① 《习近平关于全面从严治党论述摘编》，中央文献出版社 2016 年版，第 148 页。
② 《习近平关于严明党的纪律和规矩论述摘编》，中央文献出版社、中国方正出版社 2016 年版，第 98 页。
③ 《习近平关于全面从严治党论述摘编》，中央文献出版社 2016 年版，第 41 页。

更包含发扬我们党一贯优良传统和作风的内容，对此我们必须认真抓好做好。

习近平总书记指出："营造良好政治生态是一项长期任务，必须作为党的政治建设的基础性、经常性工作，浚其源、涵其林，养正气、固根本，锲而不舍、久久为功。"[①] 中国共产党成立100多年来，从来都不是谋取私利的帮派小团体，努力实现干部清正、政府清廉、政治清明才是我们党一直追求的目标，对一个执政并长期执政的大党来讲，面对我国发展的新特点和党风廉政建设的新要求，始终保持党的生机和活力，我们必须旗帜鲜明地反对政治生态和党内政治生活出现的种种不正常现象，营造良好的政治生态和政治局面。

营造良好政治生态，要求我们把树立正确选人用人导向作为重要着力点，突出政治标准。党的十九大提出要提拔重用牢固树立"四个意识"和"四个自信"、坚决维护党中央权威、全面贯彻执行党的理论和路线方针政策、忠诚干净担当的干部。早在2014年，习近平总书记在党的十八届四中全会第二次全体会议上指出了党内存在的"七个有之"。2015年，习近平总书记在十八届中央纪委五次全会上的讲话中，对领导干部提出了"五个必须"和"五个决不允许"的要求。2018年初，在新进中央委员会的委员、候补委员和省部级主要领导干部学习贯彻习近平新时代中国特色社会主义思想和党的十九大精神研讨班上，习近平总书记对新时代领导干部提出了"五个过硬"的要求。政治过硬就是要牢固树立"四个意识"，在思想政治上讲政治立场、政治方向、政治原则、政治道路，在行动实践上讲维护党中央权

① 习近平：《论坚持党对一切工作的领导》，中央文献出版社2019年版，第255页。

威、执行党的政治路线、严格遵守党的政治纪律和政治规矩。

2018 年 5 月，中共中央办公厅印发的《关于进一步激励广大干部新时代新担当新作为的意见》，对广大干部提出了明确要求。广大党员领导干部必须严格遵守党章的规定、牢记习近平总书记提出的新要求，在中国特色社会主义新时代不忘初心、牢记使命，敢于担当，不断开创新时代中国特色社会主义事业新局面。营造良好政治生态，要求我们贯彻落实新形势下党内政治生活的若干准则，让党员、干部在党内政治生活中经常接受政治体检，增强政治免疫力。

2019 年印发的《中共中央关于加强党的政治建设的意见》再次强调要坚持“五个必须”，严肃查处“七个有之”问题，提出要把政治上蜕变的两面人及时辨别出来、清除出去，坚决防止党内形成利益集团攫取政治权力、改变党的性质，坚决防止山头主义和宗派主义危害党的团结、破坏党的集中统一。我们要严格遵守这些规定，牢记习近平总书记对党员干部提出的要求，注重正本清源，坚持问题导向，纯洁党内生活，为营造良好政治生态和政治局面而努力。

严肃党内政治生活要从多方面努力。一是把历史上党的光荣传统传承下来，坚持和发扬实事求是、理论联系实际、密切联系群众、开展批评和自我批评、坚持民主集中制等优良传统，下大气力解决好影响严肃认真开展党内政治生活的各种问题，提高党内政治生活的政治性、原则性、战斗性，使党内政治生活真正起到教育改造提高党员、干部的作用。二是从问题入手，坚持激浊和扬清两手抓，让党内正能量充沛，让歪风邪气无所遁形。激浊，首先要铲除腐败这个最致命的“污染源”，下大气力拔“烂树”、治“病树”、正“歪树”。扬清，关键要扬选人用人之清，落实好干部标准，坚持正确用人导向，真正让那些忠诚、干净、担当的干部得到褒奖和重用。三是把纪律规矩立起来、严起来。要对现有的制度规定进行梳理，该修订的修订，该补充的补充，该新建的新建，让党内政治生活有规可依、有章可循。

2016年，党的十八届六中全会通过了《关于新形势下党内政治生活的若干准则》，针对党内存在的突出矛盾和问题，从十二个方面作出规定，是坚持思想建党和制度治党相结合的重要成果。历史上，我们党在1980年制定了《关于党内政治生活的若干准则》（以下简称《准则》），这部《准则》的主要原则和规定今天仍然适用。新老《准则》相互联系、一脉相承、不可割裂，都是当前和今后一个时期党内政治生活必须遵循的。营造良好政治生态，要求我们加强党内政治文化建设，让党所倡导的理想信念、价值理念、优良传统深入党员、干部的思想和心灵。要弘扬社会主义核心价值观，弘扬和践行忠诚老实、公道正派、实事求是、清正廉洁等价值观，以良好政治文化涵养风清气正的政治生态。

党内政治生活、政治生态、政治文化是相辅相成的，政治文化是政治生活的灵魂，对政治生态具有潜移默化的影响。新征程上，我们要勇于自我革命，不断增强自我革新能力，就必须注重加强党内政治文化建设，不断培厚良好政治生态的土壤。新形势下推进全面从严治党，严肃党内政治生活，净化政治生态，不仅要全面加强党的各项建设，而且要从深层次上加强党内政治文化建设，努力建设先进的、健康的、富有生机活力的党内政治文化。推进党内政治文化建设，要高扬马克思主义理论旗帜，以党的理论创新成果为引领，保持党内政治文化建设的正确政治方向；注重汲取中华优秀传统文化的政治智慧，结合全面从严治党实践进行创造性转化和创新性发展，引导党员干部自觉做到为政以德、正心修身；深入挖掘革命文化的精神特质和时代价值，把红色资源利用好、把红色传统发扬好、把红色基因传承好；牢牢把握社会主义先进文化前进方向，彰显党的文化立场和文化追求，引导党员干部坚定文化自信，履行好传播先进文化的重要责任；充分体现中国共产党的党性要求，增强党内政治生活的政治性、时代性、原则性、战斗性，使党内政治生活成为锤炼党性的“大熔炉”。我们要从政治上深刻认识加强党内政治文化建设的重大意义，注重正本清源，坚持问题导向，不断纯洁党内政治文化，为推进伟大斗争、伟大工程、伟大事业提供有力支撑。

第七章

勇于自我革命，不断增强自我提高能力

习近平总书记指出："自我提高，就是要有新本领、有新境界，永不僵化、永不停滞，在学习实践中砥砺品格、增长才干，全面增强执政本领，不断提升政治境界、思想境界、道德境界，永葆党的生机活力。"[①] 增强自我提高能力，就一定要在学习上下功夫，自觉向书本学习、向实践学习、向人民群众学习，不断加强政治历练和实践淬炼，不断深化认识，切实提升能力，以学习带动提升解决实际问题能力，全面增强执政本领。增强自我提高能力，全面增强履职本领，关键在于要以学以致用为本。要始终以实干精神担当好为民使命，用更多经得起实践、人民、历史检验的实绩诠释爱党爱国爱民的情怀，用真心实意为老百姓解难题、办实事，彰显全心全意为人民服务的根本宗旨，在解决实际问题中砥砺初心使命，全面增强履职尽责本领。

一、在学习实践中砥砺品格、增长才干

从思想维度来看，新时代我们党进行伟大自我革命，必须把深入学习领会习近平新时代中国特色社会主义思想作为根本基础。新时代的实践需要马克思主义中国化的新时代思想作指导，伟大的时代产

① 《习近平关于防范风险挑战、应对突发事件论述摘编》，中央文献出版社 2020 年版，第 135 页。

生伟大的思想。理论创新每前进一步，理论武装就要跟进一步。中国共产党要巩固执政地位、带领广大人民群众进行伟大斗争、开创伟大事业、实现伟大梦想都需要习近平新时代中国特色社会主义思想作指导。

习近平新时代中国特色社会主义思想是当代中国马克思主义、二十一世纪马克思主义，是中华文化和中国精神的时代精华，实现了马克思主义中国化新的飞跃。党确立习近平同志党中央的核心、全党的核心地位，确立习近平新时代中国特色社会主义思想的指导地位，反映了全党全军全国各族人民共同心愿，对新时代党和国家事业发展、对推进中华民族伟大复兴历史进程具有决定性意义。用习近平新时代中国特色社会主义思想指导实践首先要学习和掌握这一思想，全面准确把握其产生的时代背景、基本观点、精神实质、理论体系。学习习近平新时代中国特色社会主义思想，要紧密结合工作和思想实际自觉主动地学、持之以恒地学，要用习近平新时代中国特色社会主义思想改造主观世界、武装头脑、改造思想，从而把思想统一到中央的要求上来。

要有正确的学习理念。一是要树立新的学习型理念。新时代，习近平总书记多次强调“中国要永远做一个学习大国”。做学习大国需要广大党员干部树立新的学习型理念，不断把学习习近平新时代中国特色社会主义思想进行下去。二是要树立新的时间型理念。树立时机观念、时效观念、节约时间观念，合理安排好学习时间，学会巧妙地运用时间，珍惜时间，在有限时间内学好知识。三是要树立工作学习一体化的理念。进入新时代，党员干部要把工作岗位当作学习的平台。相互交融、相互促进、相得益彰，是新时代共产党员处理学习和工作的正确准则。四是要树立学习力就是战斗力的理念。学习不仅是软实力，也是战斗力。在新时代，各种新情况新问题不断涌现，党员干部只有增强学习力，才不会失去战斗力，才能按照马克思主义原则处理好各种问题。五是要树立终身学习的理念。习近平新时代中国特色社会主义思想要贯穿到工作和实践的全过程，依靠学习增强能力。六是要树立团队学习的理念。习近平新时代中国特色社会主义思想，需要深入学习，在团队学习中充分交流和碰撞，不但能使党员更好地掌握，还能提升团队的学习水平，使共同的理想信念得以巩固。

发扬优良学风、摒弃不良学风才能端正学风。学风问题是对待马克思主义的态度问题，学风端正，则事业兴旺。一些党员不愿学、不勤学、不深学、不善学，在学习问题上一些党组织的作用发挥得不够，导致党员学习效果不佳。必须克服这些不良学风，营造良好的学习氛围。一是坚持理论联系实际的学风。深入学习领会习近平新时代中国特色社会主义思想并不是用书本武装嘴巴那么简单，而是面向实际、学以致用，在解决和研究问题时自觉运用马克思主义的立场、观点、方法，即坚持马克思主义学风。发扬马克思主义学风，不但要联系客观实际，还必须紧密联系自己的思想实际，通过扎实的学习，真正学深弄懂新思想，改造好主观世界。新时代，尤其要注意这一点。发扬马克思主义学风，要紧密联系工作的实际，不断提升认识问题和解决问题的能力，提高开展创造工作的能力，提高为人民群众办事的能力，为党的事业的发展作出贡献。二是要树立艰苦求实的学风。学习历来不是一件轻松的事情。理论学习是艰苦的，不经过主观的努力是不会跑进头脑中去的，尤其是马克思主义理论充满了辩证法的光辉，马克思主义的立场、观点、方法源于生活而高于生活，不经过艰苦的学习是很难真正理解和把握的。把学到的知识变成自己的东西，是要经过艰苦的思维训练才能灵活应用的，精神上的艰苦探索是提升理论修养必须经历的一个阶段，需要发扬挤劲、钻劲、韧劲，怕苦畏难、浅尝辄止是不能取得好的理论学习效果的。

在学习方法上兼容并蓄、不断创新。学习知识是一门学问，学习方法必须正确，“好学才能上进，好学才有本领”。一是正确把握学习的方向。没有正确的方向，就会被极其错误的东西所迷惑。“马克思主义所指引的方向”是习近平总书记反复强调的学习方向，有了这个方向，才能学到有益的知识，克服陷入盲目状态甚至误入歧途的危险。二是要勤学善思。要坚持阅读与思考的统一，“学习与思考、勤学与善思是相互联系和相辅相成的”。三是聚焦工作地学。增强工作本领、提高解决实际问题的水平，这是学习的最终目的。要把研究和解决重大现实问题作为学习的根本出发点。在学习过程中，要结合自己的工作实际，脑子里经常装几个问题，反复思考。做到干中学、学中干，反对学习和工作中的“空对空”，更反对夸夸其谈，务必做到以学益智、以学修身、以学增才，学以致用、用以促学、学用相长。四是坚持求知善读。读书要用“巧力”，读得巧，读得实，读得深，懂得取舍，注重思考，力争在有限的时间内取得最佳的读书效果。习近平总书记还在读书问题上提出了三种境界，不但要求提高读书效率和质量，更要求讲求读书方法和技巧。在学习上还要求发扬雷锋的“钉子”精神，贵在持之以恒，只要坚持下去，必定会积少成多。

当前，向第二个百年奋斗目标进军的号角已经吹响。新征程上，我们要勇于自我革命，不断增强自我提高能力，就必须紧密结合思想和工作实际，在学习中提高，在实践中锻炼，在挫折中翻爬滚打，不断砥砺品格、增长才干，努力成为可堪大用、能担重任的栋梁之才，不辜负党和人民期望和重托。

二、适应新时代新要求，全面增强本领能力

党的十九大报告明确强调要全面增强执政本领，指出领导 13 亿多人的社会主义大国，我们党既要政治过硬，也要本领高强。同时提出党员、干部要增强的“八大本领”，即学习本领、政治领导本领、改革创新本领、科学发展本领、依法执政本领、群众工作本领、狠抓落实本领、驾驭风险本领。

2019 年 1 月，中共中央印发《关于加强党的政治建设的意见》，强调党员干部特别是领导干部要加强政治能力训练和政治实践历练，切实提高把握方向、把握大势、把握全局的能力和辨别政治是非、保持政治定力、驾驭政治局面、防范政治风险的能力。党员干部提高政治能力是深入贯彻落实中央大政方针的时代需要。维护党中央权威、贯彻落实中央大政方针，需要全党同志共同努力，领导干部负有不可推卸的责任。领导干部政治能力越强，大政方针越能够更好地贯彻落实。中国特色社会主义进入新时代，我国的主要矛盾发生了深刻变化，在新的发展中，新情况、新问题、新矛盾也层出不穷。以习近平同志为核心的党中央提出了一系列重大战略思想，制定了推动中国社会主义现代化建设事业的一系列方针政策。能否将党中央的大政方针贯彻落实，对领导干部来说是一种挑战，对领导干部的政治能力也提出了更高要求。政治能力不强，可能会在复杂的工作中打不开局面，

更有甚者会犯方向性错误。可以说，政治能力是衡量领导干部政治素养的标准。在 2020 年 12 月中共中央政治局召开的民主生活会上、2021 年 1 月省部级主要领导干部学习贯彻党的十九届五中全会精神专题研讨班开班式上和中国共产党第十九届中央纪律检查委员会第五次全体会议上、在党的二十大报告中，习近平总书记都明确提出了“不断提高政治判断力、政治领悟力、政治执行力”的重要要求，为党员、干部加强政治建设、提高政治能力指明了方向。

2020 年 10 月 10 日，2020 年秋季学期中央党校（国家行政学院）中青年干部培训班在中央党校开班，习近平总书记在开班式上发表重要讲话强调，历史总是在不断解决问题中前进的。我们党领导人民干革命、搞建设、抓改革，都是为了解决我国的实际问题。提高解决实际问题能力是应对当前复杂形势、完成艰巨任务的迫切需要，也是年轻干部成长的必然要求。面对复杂形势和艰巨任务，我们要在危机中育先机、于变局中开新局，干部特别是年轻干部要提高七种能力，勇于直面问题，想干事、能干事、干成事，不断解决问题、破解难题。这“七种能力”即政治能力、调查研究能力、科学决策能力、改革攻坚能力、应急处突能力、群众工作能力、抓落实能力。在这里，习近平总书记再次把政治能力摆在了第一位，足见其重要性。

党员、干部的政治能力强，才能够在工作中顾全大局，更好发挥承上启下的作用，坚决维护党中央权威，真正领会中央大政方针的精髓，为深入贯彻中央要求打下坚实基础，同时又能够做好具体部署，结合本地区本部门的实际情况，确保方针政策的有效执行，最终推进伟大事业的前进。因此，领导干部必须抓住一切机会努力学习，反复锤炼，不断提升自身政治能力，担负起历史赋予的责任与使命。需要强调的是，党员、干部提高政治能力，不是一朝一夕之功，而是一个不断锤炼的过程，根本途径是加强政治历练，自觉把讲政治贯穿于党性锻炼全过程。要以正确的认识、正确的行动坚决做到“两个维护”，坚决防止和纠正一切偏离“两个维护”的错误言行，不得搞任何形式的“低级红”“高级黑”，决不允许对党中央阳奉阴违做两面人、搞两面派、搞“伪忠诚”，要自觉把讲政治贯穿于党性锻炼全过程。

“政治三力”对党员、干部能力建设来说极端重要，同时政治鉴别力也是党员、干部必备的政治素质，它是政治判断力的基础。进入新时代，人们的思想意识日益多样化，社会现象日益纷繁复杂，共产党员要做政治上的明白人，抵御住思想上、精神上的各种诱惑，就必须拥有敏锐的政治鉴别力。

首先，具有一定的政治鉴别力是由党员的身份和地位决定的。党员是一面旗帜，是来自各条战线的优秀分子，影响着周围的广大人民群众。党员、干部在任何时候对政治上的是非都要能够分清，如果在政治上糊涂，分不清是非，就不可能做好组织者、领导者，就会把人民群众带入歧途，影响党在人民群众中的形象，甚至给党的事业带来损失。所以，党员、干部必须具有一定政治鉴别能力，对全局性、战略性的重大问题要做到能把握、善把握，能够分析大局、判断方向和形势。

其次，应对西方和平演变需要党员具有一定的政治鉴别力。国际上，敌对国家西化、分化的企图从来没有放弃过，不断变换手法对我们进行渗透、干涉和遏制，尤其是在经济领域、文化领域以及科技领域，渗透他们认为的“普世价值”、意识形态等，这就需要党员、干部具有较强的政治鉴别力，对冲击我国主流历史观和价值观的东西作出敏锐的鉴别，采取必要的行动进行戳穿。

最后，我国经济社会的发展要求党员、干部具有一定的政治鉴别力。“实践发展永无止境，解放思想永无止境，改革开放也永无止境，停顿和倒退没有出路”。但在改革中出现的一些问题，需要党员、干部提高政治鉴别力，作出甄别和判断。尤其是市场经济高速发展中出现的问题，影响着人们的思维和判断，极需要党员、干部提高政治鉴别力，为广大群众释疑解惑。

此外，党的二十大报告进一步明确强调：“全面建设社会主义现代化国家，必须有一支政治过硬、适应新时代要求、具备领导现代化建设能力的干部队伍。”[①] 加强实践锻炼、专业训练，注重在重大斗争中磨砺干部，增强干部推动高质量发展本领、服务群众本领、防范化解风险本领。加强干部斗争精神和斗争本领养成，着力增强防风险、迎挑战、抗打压能力，带头担当作为，做到平常时候看得出来、关键时刻站得出来、危难关头豁得出来。习近平总书记强调，我们党依靠斗争创造历史，更要依靠斗争赢得未来。新征程上，我们面临的风险考验只会越来越复杂，甚至会遇到难以想象的惊涛骇浪。我们面临的各种斗争不是短期的而是长期的，将伴随实现第二个百年奋斗目标全过程。在重大风险、强大对手面前，总想过太平日子、不想斗争是不切实际的，得“软骨病”、患“恐惧症”是无济于事的。“善战者，立于不败之地，而不失敌之败也”。唯有主动迎战、坚决斗争才有生路出路，才能赢得尊严、求得发展，逃避退缩、妥协退让只会招致失败和屈辱，只能是死路一条。我们必须把握新的伟大斗争的历史

① 习近平：《高举中国特色社会主义伟大旗帜 为全面建设社会主义现代化国家而团结奋斗——在中国共产党第二十次全国代表大会上的报告》，人民出版社2022年版，第66页。

特点，发扬斗争精神，把握斗争方向，把握斗争主动权，坚定斗争意志，掌握斗争规律，增强斗争本领，有效应对重大挑战、抵御重大风险、克服重大阻力、解决重大矛盾，战胜前进道路上的一切艰难险阻，不断夺取新时代伟大斗争的新胜利。

当前，世界百年未有之大变局加速演进，我国正处在实现中华民族伟大复兴的关键时期，全面建设社会主义现代化国家新征程顺利开启，同时我们在前进道路上仍面临着许多难关和挑战。新征程上，我们要勇于自我革命，不断增强自我提高能力，就必须适应新时代新要求，全面增强本领、能力，不断增强意志力、坚忍力、自制力，在新时代全面建设社会主义现代化国家新征程中奋勇争先、建功立业，努力创造无愧于党、无愧于人民、无愧于时代的业绩。

三、不断提升政治境界、思想境界、道德境界

我们党团结带领人民取得了革命、建设、改革的伟大成就，很重要的一个原因，就是广大党员、干部都有较高的政治境界、思想境界、道德境界。正是有了较高的和正确的政治境界、思想境界、道德境界，广大党员、干部才能听党话、跟党走，才能边学习、边对照、边检视、边整改，才能不畏艰难、勇往直前，才能不折不扣落实党中央决策部署，使我们党夺取了一个又一个伟大胜利。不断提升党员、干部的政治境界、思想境界、道德境界，需要加强广大党员、干部的政治忠诚教育、党的光荣传统和优良作风教育、党性党章党规党纪教育、中华优秀传统文化教育等，使其对党绝对忠诚、密切联系群众，

永葆共产党人的政治本色。

对党忠诚是共产党人首要的政治品质。我们党一路走来，经历了无数艰险和磨难，但任何困难都没有压垮我们，任何敌人都没能打倒我们，靠的就是千千万万党员的忠诚。对党忠诚，必须一心一意、一以贯之，必须表里如一、知行合一，任何时候任何情况下都不改其心、不移其志、不毁其节。党员干部要以先辈先烈为镜、以反面典型为戒，不断筑牢信仰之基、补足精神之钙、把稳思想之舵，以坚定的理想信念砥砺对党的赤诚忠心。要自觉加强政治历练，接受严格的党内政治生活淬炼，不断提高政治判断力、政治领悟力、政治执行力，使自己的政治能力同担任的工作职责相匹配。要立志为党分忧、为国尽责、为民奉献，勇于担苦、担难、担重、担险，以实际行动诠释对党的忠诚。对党忠诚，要真正忠诚党和人民，忠诚党的理想信念，忠诚党的初心使命，忠诚党的组织，忠诚党的理论和路线方针政策。衡量党员干部是否有理想信念，关键看他是否对党忠诚。党员干部要忠诚干净担当，忠诚始终是第一位的。对党忠诚，就要增强“四个意识”，坚定“四个自信”，做到“两个维护”，严守党的政治纪律和政治规矩，始终在政治立场、政治方向、政治原则、政治道路上同党中央保持高度一致。这种一致必须是发自内心、坚定不移的，任何时候任何情况下都要站得稳、靠得住。忠诚和信仰是具体的、实践的。要经常对照党章党规党纪，检视自己的理想信念和思想言行，不断掸去思想上的灰尘，永葆政治本色。

坚持理论联系实际的优良传统作风。我们党的历史反复证明，什么时候理论联系实际坚持得好，党和人民事业就能够不断取得胜利；反之，党和人民事业就会受到损失，甚至出现严重曲折。理论联系实际，前提是学懂弄通理论、掌握思想真谛。党员干部要刻苦钻研马克思主义基本原理特别是新时代党的创新理论成果，努力掌握蕴含其中的立场观点方法、道理学理哲理，做到知其言更知其义、知其然更知其所以然。要深入学习党的理论创新成果，前后贯通学、及时跟进学，运用党的科学理论优化思想方法，解决思想困惑，检视自身思想作风和精神状态，牢固树立正确的世界观、人生观、价值观和权力观、政绩观、事业观，使自己的思维方式和精神世界更好适应事业发展需要。要坚持实事求是、求真务实，从实际出发谋划事业和工作，使提出的点子、政策、方案符合实际情况、符合客观规律、符合科学精神，以创造性工作把党中央决策部署落到实处。要坚持真抓实干、狠抓落实，一切工作都要往实里做、做出实效，不好高骛远、不脱离实际，力戒形式主义、官僚主义。要把做老实人、说老实话、干老实事作为人生信条，这样才能真正立得稳、行得远。调查研究是理论联系实际的中心一环。没有调查，就没有发言权，更没有决策权。调查研究是做好各项工作的基本功，要在全党大兴调查研究之风。在调查研究工作中，一定要保持求真务实的作风，努力在求深、求实、求细、求准、求效上下功夫。

保持党同人民群众的血肉联系。人民是我们党的力量源泉，我们党根基在人民、血脉在人民，必须把人民放在心中最高位置，始终以百姓心为心。共产党的干部要坚持当“老百姓的官”，把自己也当成老百姓，不要做官当老爷，在这一点上，党员干部从一开始就要想清楚，而且要终身牢记。党员干部无论是立身处世还是从政干事，首先要解决好“我是谁、为了谁、依靠谁”的问题，不断追求“我将无我，不负人民”的精神境界。加强和改进党的作风建设，核心问题是保持党同人民群众的血肉联系。密切联系群众，是党发展壮大的重要原因；能否保持党同人民群众的血肉联系，决定着党的事业的成败。马克思主义执政党的最大危险就是脱离群众。人民是党革命、建设、改革的最大底气，是强党兴国的根本所在。

党的根基在人民、血脉在人民、力量在人民。失去了人民拥护和支持，党的事业和工作就无从谈起。在任何时候任何情况下，与人民同呼吸共命运的立场不能变，全心全意为人民服务的根本宗旨不能忘。要拜人民为师，甘当小学生，特别要多交几个能说心里话的基层朋友，这样才有利于了解真实情况，才有利于把工作做好。要牢记我们党为人民谋幸福、为民族谋复兴的初心使命，始终坚守党全心全意为人民服务的根本宗旨，用心用情用力解决好群众急难愁盼问题，让群众有更多、更直接、更实在的获得感、幸福感、安全感。

坚持敢于斗争的鲜明品格。习近平总书记强调："我们党依靠斗争走到今天，也必然要依靠斗争赢得未来。开启全面建设社会主义现代化国家新征程，立足新发展阶段、贯彻新发展理念、构建新发展格局，面临的风险和考验一点也不会比过去少。"[①] 党员干部要自觉加强斗争历练，在斗争中学会斗争，在斗争中成长提高，努力成为敢于斗争、善于斗争的勇士。要坚定斗争意志，不屈不挠、一往无前，决不能碰到一点挫折就畏缩不前，一遇到困难就打退堂鼓。要善斗争、会斗争，提升见微知著的能力，透过现象看本质，准确识变、科学应变、主动求变，洞察先机、趋利避害。要加强战略谋划，把握大势大局，抓住主要矛盾和矛盾的主要方面，分清轻重缓急，科学排兵布

① 《习近平谈治国理政》第 4 卷，外文出版社 2022 年版，第 80 页。

阵，牢牢掌握斗争主动权。要增强底线思维，定期对风险因素进行全面排查。要善于经一事长一智，由此及彼、举一反三，练就斗争的真本领、真功夫。

永葆艰苦奋斗的优良传统和作风。艰苦奋斗是我们党在长期的革命、建设、改革过程中形成的优良传统和作风，也是我们党的政治本色。不论我们国家发展到什么水平，不论人民生活改善到什么程度，艰苦奋斗、勤俭节约的作风永远不能丢。艰苦奋斗、勤俭节约，不仅是我们一路走来、发展壮大的重要保证，也是我们继往开来、再创辉煌的重要保证。党员干部要接过艰苦奋斗的接力棒，以一往无前的奋斗姿态和永不懈怠的精神状态，勇挑重担、苦干实干，在新时代新征程中留下许党报国的奋斗足迹。节俭朴素，力戒奢靡，是我们党的传家宝。现在，我们生活条件好了，但艰苦奋斗的精神一点都不能少，必须坚持以俭修身、以俭兴业，坚持厉行节约、勤俭办一切事情。党员干部要时刻警醒自己，培育积极健康的生活情趣，坚决抵制享乐主义、奢靡之风，永葆共产党人清正廉洁的政治本色。

风险越大、挑战越多、任务越重，越要加强党的作风建设，以好的作风振奋精神、激发斗志、树立形象、赢得民心。

新征程上，我们要勇于自我革命，不断增强自我提高能力，就必须不断提高各级党组织和党员干部的政治判断力、政治领悟力、政治执行力，用马克思主义立场、观点、方法分析问题、解决问题，树立马克思主义的世界观、人生观、价值观，在新征程上进一步弘扬党的光荣传统和优良作风，不断提升党员干部的政治境界、思想境界、道德境界。

第八章

以全面从严治党开辟百年大党自我革命的新境界

党的十八大以来，中国特色社会主义进入新时代。以习近平同志为核心的党中央站在实现“两个一百年”奋斗目标、实现中华民族伟大复兴的战略高度，牢牢把握中国共产党是什么、要干什么这个根本问题，继承和发展马克思主义建党学说，总结运用党的百年奋斗历史经验，坚持和弘扬管党治党的优良传统，从新时代党的领导和党的建设需要出发，把全面从严治党纳入“四个全面”战略布局，深入推进管党治党实践创新、理论创新、制度创新，对建设什么样的长期执政的马克思主义政党、怎样建设长期执政的马克思主义政党的规律性认识达到新的高度，推动全面从严治党取得历史性、开创性成就，产生全方位、深层次影响，探索出依靠党的自我革命跳出历史周期率的成功路径，党在革命性锻造中更加坚强。新征程上，我们要继续推进全面从严治党永远在路上、党的自我革命永远在路上，深入推进新时代党的建设新的伟大工程，全面推进党的自我净化、自我完善、自我革新、自我提高，使我们党坚守初心使命，使百年大党在自我革命中不断焕发新的蓬勃生机，始终成为中国人民最可靠、最坚强的主心骨，始终成为中国特色社会主义事业的坚强领导核心。

一、以党的政治建设为统领，坚守自我革命根本政治方向

从政治上看，我们党进行自我革命，首先必须以党的政治建设为统领，坚守自我革命根本政治方向。

政党是政治组织，政治属性是政党的根本属性，政党的活动首先是政治活动。旗帜鲜明讲政治是我们党作为马克思主义政党的根本要求。旗帜鲜明讲政治，既是马克思主义政党的鲜明特征，也是我们党一以贯之的政治优势。党领导人民治国理政，最重要的就是坚持正确政治方向，始终保持我们党的政治本色，始终沿着中国特色社会主义道路前进。

我们党历来注重从政治上建设党。回顾党的奋斗历程，讲政治是一以贯之的要求，更是全面从严治党的内在要求，是避免犯颠覆性错误的根本保证。从古田会议上毛泽东提出思想建党、政治建军原则，到 1945 年党的七大提出首先着重在思想上、政治上进行建设，同时也在组织上进行建设；从新中国成立后毛泽东提出政治工作是一切经济工作的生命线，到改革开放后邓小平强调到什么时候都得讲政治，从江泽民明确提出领导干部一定要讲政治，到胡锦涛要求领导干部要增强讲政治、顾大局、守纪律的自觉性和坚定性，要做对党忠诚的模范和表率，都表明注重从政治上建设党是我们党不断发展壮大、从胜利走向胜利的重要保证。党提高排毒杀菌政治免疫力靠的就是讲政治，党补钙壮骨、强身健体的保证也是讲政治。

党的政治建设是一个永恒课题，来不得半点松懈。“党的政治建设是党的根本性建设，决定党的建设方向和效果”[①]，这是习近平总书记在新时代根据党的建设新的实践得出的结论，这就把政治建设的地位提到了前所未有的高度。大量事实表明，党的政治建设软弱乏力，党内政治生活不严肃、不健康，是党内存在各种问题的根源。

党的十八大以来，在全面从严治党实践中，我们深刻认识到，党内存在的很多问题都同政治问题相关联，都是因为党的政治建设没有抓紧、没有抓实。“治其本，朝令而夕从；救其末，百世不改也。”不从政治上认识问题、解决问题，就会陷入头痛医头、脚痛医脚的被动局面，就无法从根本上解决问题。正因为如此，习近平总书记反复强调，“全面从严治党首先要从政治上看”“政治问题要从政治上来解决”[②]。我们把党的政治建设摆上突出位置，在坚定政治信仰、增强“四个意识”、维护党中央权威和集中统一领导、严明党的政治纪律和政治规矩、加强和规范新形势下党内政治生活、净化党内政治生态、正风肃纪、反腐惩恶等方面取得明显成效。实践使我们深刻认识到，不抓党的政治建设或背离党的政治建设指引的方向，党的其他建设就难以取得预期成效。

党的十九大把党的政治建设纳入党的建设总体布局并摆在首位，是从战略和全局高度作出的重大决策。习近平总书记强调：“从党的十八届四中全会开始，我就反复强调警惕‘七个有之’。‘七个有之’本质上是政治问题，概括起来是两个方面。一个是政治问题和经济问

① 《习近平关于“不忘初心、牢记使命”论述摘编》，党建读物出版社、中央文献出版社 2019 年版，第 112 页。
② 《习近平关于“不忘初心、牢记使命”论述摘编》，党建读物出版社、中央文献出版社 2019 年版，第 121 页。

题交织形成利益集团，妄图攫取党和国家权力；一个是山头主义和宗派主义作祟，大搞非组织活动，破坏党的集中统一。对政治上的这种隐患不能采取鸵鸟政策，王顾左右而言他，必须采取断然措施予以防范和遏制，消除隐患后患。”[①] 为此，我们党把“两个维护”作为最高政治原则和根本政治规矩，严明政治纪律和政治规矩，坚决治理“七个有之”问题，坚决清除阳奉阴违的两面人，以精准有力的政治监督确保党中央大政方针和决策部署贯彻落实，经过全面从严治党的锤炼，党内政治生态发生了根本性变化，党中央权威和集中统一领导得到有力保证，党总揽全局、协调各方的领导核心作用充分发挥，党的领导制度体系不断完善，党的领导方式更加科学，全党思想上更加统一、政治上更加团结、行动上更加一致，全党在政治立场、政治方向、政治原则、政治道路上同党中央保持高度一致，党的政治领导力、思想引领力、群众组织力、社会号召力显著增强，全党必须深刻领悟“两个确立”的决定性意义，增强“四个意识”，坚定“四个自信”，做到“两个维护”。

加强党的政治建设，必须把维护党中央权威和集中统一领导作为首要任务，坚决做到“两个维护”。“两个维护”即坚决维护习近平总书记党中央的核心、全党的核心地位，坚决维护党中央权威和集中统一领导，这是党的最高政治原则和根本政治规矩。针对党内存在的落实党的领导弱化、虚化、淡化、边缘化问题，特别是对党中央重大决策部署执行不力等问题，要求党员、干部牢记“全面从严治党，核心是加强党的领导”“坚持党的领导首先是坚持党中央集中统一领

① 习近平：《论坚持党对一切工作的领导》，中央文献出版社 2019 年版，第 226 页。

导”“中国共产党领导是中国特色社会主义最本质的特征，是中国特色社会主义制度的最大优势”“坚持和完善党的领导，是党和国家的根本所在、命脉所在，是全国各族人民的利益所在、幸福所在”“加强和维护党中央集中统一领导是全党共同的政治责任”等一系列重大论断，这些科学论述作为习近平新时代中国特色社会主义思想的重要内容，成为全体党员的强大思想武装和科学行动指南，使全党全军全国各族人民凝聚起牢不可破的共识。

党的十八大以来，从强化“四个意识”、坚决维护党中央权威到健全党的领导制度体系，从党的十八届六中全会通过的《关于新形势下党内政治生活的若干准则》到颁布《中国共产党重大事项请示报告条例》，再到颁布《中共中央政治局关于加强和维护党中央集中统一领导的若干规定》和《中国共产党中央委员会工作条例》《中国共产党地方委员会工作条例》《中国共产党党组工作条例》《中国共产党党内监督条例》等党内法规，通过加强顶层设计，党的领导制度体系进一步完善，以党内法规制度的刚性，维护党中央定于一尊、一锤定音的权威，促进全党上下不断提高政治判断力、政治领悟力、政治执行力。党的十八届六中全会正式提出“以习近平同志为核心的党中央”。党的十九大审议通过的《中国共产党章程》规定，必须实行正确的集中，牢固树立“四个意识”，“坚定维护以习近平同志为核心的党中央权威和集中统一领导，保证全党的团结统一和行动一致，保证党的决定得到迅速有效的贯彻执行”。2023 年修订的《中国共产党纪律处分条例》提出坚决维护习近平总书记党中央的核心、全党的核心地位，坚决维护以习近平同志为核心的党中央权威和集中统一领导。这些重大举措，充分反映了党心、军心、民心所向。

习近平总书记在 2019 年新年贺词中提出，放眼全球，世界正面临百年未有之大变局。“百年未有之大变局”的论断内涵丰富，其核心是强调世界正处在一个重大的变化过程中，中国正处在一个重要的战略机遇期。从事业的发展和实践来看，推进中国特色社会主义伟大事业，关键在于有一个坚强有力的领导核心。同年 1 月，党中央把党的政治建设摆在首位，制定了《中共中央关于加强党的政治建设的意见》，把党的政治建设作为根本性、统领性建设，把保证全党服从中央、维护党中央权威和集中统一领导作为党的政治建设的首要任务，坚定不移推进全面从严治党。

党的十九届六中全会通过的《中共中央关于党的百年奋斗重大成就和历史经验的决议》指出：“党确立习近平同志党中央的核心、全党的核心地位，确立习近平新时代中国特色社会主义思想的指导地位，反映了全党全军全国各族人民共同心愿，对新时代党和国家事业发展、对推进中华民族伟大复兴历史进程具有决定性意义。”[①] 特别是在选举党的二十大代表时，习近平同志全票当选。在选举二十届中央委员会委员时，习近平同志全票当选。在二十届一中全会选举新一届中央领导机构时，习近平同志再次全票当选中央委员会总书记。由经过历史检验、实践考验、斗争历练的党的核心、人民领袖、军队统帅继续掌舵领航，是党心所向、民心所盼、众望所归，也是党之大幸、国之大幸、军队之大幸、人民之大幸！

党内所有的政治问题，归根到底就是对党是否忠诚。以党的政治建设为统领，坚守自我革命根本政治方向，落实到每一个共产党员身

① 《中共中央关于党的百年奋斗重大成就和历史经验的决议》，人民出版社 2021 年版，第 26 页。

上，就是要做到对党绝对忠诚，深刻领悟“两个确立”的决定性意义，增强“四个意识”，坚定“四个自信”，做到“两个维护”。对党绝对忠诚关键在“绝对”两个字，就是唯一的、彻底的、无条件的、不掺任何杂质的、没有任何水分的忠诚。党员、干部要用这样的标准要求自己，自觉在思想上政治上行动上同党中央保持高度一致，党叫干什么就坚决干，党不允许干什么就坚决不干。

政治忠诚是每个党员的必备品质和最根本的操守，广大党员、干部具有了政治忠诚的品质，中国共产党才能带领中国人民取得伟大成就。一方面，党员的政治忠诚以对党的政治认同为基础。中国共产党具有持久的、旺盛的生命力，是因为得到了全体党员的广泛认同，全体党员凝聚在一起不断发展壮大。共产党员的政治忠诚是共产党员对党的性质、宗旨与历史使命等的自觉认知。对中国共产党有了政治认同，共产党员才能把自己看作共产党的一部分，承认党的主张和奋斗纲领，自觉地以中国共产党的要求来规范自己的政治行为，对中国共产党或共产主义信念表现出最大的热忱和忠诚。另一方面，党员的政治忠诚是党员组织属性的集中体现。党员对党组织的归属感、责任感和使命感，是共产党人倡导的政治忠诚的主要表现，具有鲜明的政治指向和理论意义。习近平总书记指出：“全党同志要强化党的意识，牢记自己的第一身份是共产党员，第一职责是为党工作，做到忠诚于组织，任何时候都与党同心同德。”[①] 归属感是指党员经过对党的认识和了解，对党和党组织产生了思想上、心理上、感情上的认同感。有了归属感，党员就会产生自我约束力和强烈的责任感，自觉地遵守党

① 《习近平谈治国理政》第 1 卷，外文出版社 2018 年版，第 395 —396 页。

的纪律、维护党的形象，自觉地与党中央保持高度一致，有为党的事业不懈奋斗的自觉性和坚定性，即高度的使命感。

壹引其纲，万目皆张。一个国家、一个政党，领导核心至关重要。坚决维护习近平总书记党中央的核心、全党的核心地位，形成思想和行动高度统一的整体，是一个成熟的马克思主义执政党的必然要求，对维护党中央权威和集中统一领导，具有十分重大而深远的意义。

新征程上，我们要继续开辟百年大党自我革命的新境界，就必须坚决维护习近平总书记党中央的核心、全党的核心地位，这是党和国家前途命运所系，也是全国各族人民根本利益所在。坚决维护党中央权威和集中统一领导，要求我们增强政治意识、大局意识、核心意识、看齐意识，自觉在思想上政治上行动上同以习近平同志为核心的党中央保持高度一致，使我们党更加团结统一、坚强有力，始终成为中国特色社会主义事业的坚强领导核心。我们要坚定执行党的政治路线，严格遵守政治纪律和政治规矩，在政治立场、政治方向、政治原则、政治道路上同党中央保持高度一致，确保党的集中统一，深刻领悟“两个确立”的决定性意义，增强“四个意识”，坚定“四个自信”，做到“两个维护”，在净化政治生态、防范和化解政治风险上决不能松懈，真正悟透党中央大政方针，时时处处向党中央看齐，扎扎实实贯彻党中央决策部署，不打折扣、不做表面文章，纠正自由主义、本位主义、保护主义，不因一时一地利益而打小算盘、耍小聪明，确保执行不偏向、不变通、不走样。全党同志要找准坐标、选准方位、瞄准靶心，善于从政治上观察和处理问题，使讲政治的要求从外部要求转化为内在主动。

二、把思想建设作为基础性建设，淬炼自我革命锐利思想武器

从思想上看，我们党进行自我革命，必须坚持把思想建设作为党的基础性建设，淬炼自我革命锐利思想武器。

早在 1941 年，刘少奇就指出，“党在思想上的准备、理论上的修养是不够的，是比较幼稚的”[①]。刘少奇指出，马克思主义的著作传入中国的历史并不久，这是造成中国共产党在理论上不足的原因之一[②]。因此，在最初的革命实践中，尽管我们党有着极其丰富的斗争经验，但与客观需求还有差距，缺乏理论的弱点仍旧未能克服，需要我们党继续努力，才能适应革命实践的需要。为了推动党员干部学习马克思主义理论，1940 年 3 月 24 日，党中央把每年的 5 月 5 日即马克思诞辰日作为“干部学习节”。在延安整风时期，我们党还提出明确的要求和目标，发布了一系列指示，中央还编辑出版了文集和马列著作集。1941 年初，一场普遍的马克思主义理论学习活动在党内开展，马克思列宁主义的有关著作和党的历史文件得到普及，全党思想理论水平得到提升。

“党内存在的一些突出问题，从根源上说都是思想上的问题”[③]。从延安整风运动以来，我们党开展历次集中性教育活动，都是以思想教育打头。开展这次主题教育，要强化理论武装，聚焦解决思想根子问

① 《刘少奇选集》（上），人民出版社 1981 年版，第 220 页。
② 参见《刘少奇选集》（上），人民出版社 1981 年版，第 220—221 页。
③ 《习近平谈治国理政》第 3 卷，外文出版社 2020 年版，第 526 页。

题，组织党员干部读原著、学原文、悟原理，自觉对表对标，及时校准偏差。习近平总书记强调：“我们党作为世界上最大的政党，大就要有大的样子，大也有大的难处，如何确保全党在共同思想理论基础上的高度集中统一尤其不易。”① 要加强马克思主义特别是习近平新时代中国特色社会主义思想的理论武装，使各级党组织和广大党员、干部特别是领导干部掌握马克思主义理论武器，提高马克思主义理论水平和运用能力，共同把党的创新理论转化为推进新时代中国特色社会主义伟大事业的实践力量。

理论上清醒，政治上才能坚定。加强思想理论修养是党员干部的基本功。习近平总书记多次强调，党员干部必须打牢马克思主义理论功底。2013 年 3 月 1 日，习近平总书记在中央党校建校 80 周年庆祝大会暨 2013 年春季学期开学典礼上的讲话中指出：“我们党历来重视抓全党特别是领导干部的学习，这是推动党和人民事业发展的一条成功经验。在每一个重大转折时期，面对新形势新任务，我们党总是号召全党同志加强学习；而每次这样的学习热潮，都能推动党和人民事业实现大发展大进步。”② 共产党人的政治信仰就是马克思主义。打牢马克思主义理论功底，首先要认真学习马克思主义经典著作。只有认真学习马克思主义经典著作，掌握其中的思想资源和理论精华，把马克思主义作为我们的看家本领，才能抵御各种错误思潮，避免在错综复杂的形势下无所适从。

理想信念是共产党人精神上的“钙”，没有理想信念，或者理想信念不坚定，精神上就会“缺钙”，就会得“软骨病”，就可能导致

① 《习近平谈治国理政》第 4 卷，外文出版社 2022 年版，第 503 页。
② 《习近平谈治国理政》第 1 卷，外文出版社 2018 年版，第 401 页。

政治上变质、经济上贪婪、道德上堕落、生活上腐化。坚定的信仰始终是党员、干部站稳政治立场、抵御各种诱惑的决定性因素。我们要勇于自我革命，就要教育引导全党坚定理想信念，牢记党的宗旨，自觉抵御各种腐朽思想侵蚀，坚定理想信念，牢记党的性质宗旨，强化党性修养，提高政治免疫力，切实解决一些党员、干部理想信念缺失、宗旨意识淡化等问题。

马克思主义信仰、共产主义远大理想、中国特色社会主义共同理想，是中国共产党人的精神支柱和政治灵魂，也是保持党的团结统一的思想基础。胸怀崇高坚定的理想信念并为之不懈奋斗，是中国共产党独特的精神标识。党的十八大以来，我们党坚持用理想信念强基固本、凝心铸魂，用党的创新理论武装头脑、教育人民，锤炼共产党人信仰信念的钢筋铁骨。理想信念的坚定，来自思想理论的坚定。习近平总书记指出，坚定理想信念，就要“让真理武装我们的头脑，让真理指引我们的理想，让真理坚定我们的信仰”①。党中央先后开展了党的群众路线教育实践活动、“严以修身、严以用权、严以律己，谋事要实、创业要实、做人要实”专题教育、“学党章党规、学系列讲话，做合格党员”学习教育、“不忘初心、牢记使命”主题教育、党史学习教育等学教活动，用党的创新理论武装全党，推进学习型政党建设，教育引导广大党员、干部特别是领导干部从思想上正本清源、固本培元，筑牢信仰之基、补足精神之钙、把稳思想之舵，保持共产党人政治本色。党内教育实现了常态化、制度化，一次次生动而深刻的学习教育，让广大党员干部受到了全面深刻的政治教育、思想淬炼、

① 习近平：《在纪念红军长征胜利 80 周年大会上的讲话》，人民出版社 2016 年版，第 12 页。

精神洗礼，信仰之基更加牢固，精神之钙更加充足。

实践反复证明，我们党的每一次胜利和飞跃，都得益于思想认识水平的提高，都与始终坚持理论联系实际的优良作风密不可分。面对波谲云诡的国际形势、复杂敏感的周边环境、艰巨繁重的改革发展稳定任务，我们必须始终高度重视学习。事业发展没有止境，加强学习也没有止境。全党有必要再来一次大学习，让学习成为一种自觉、成为一种常态。

要正确理解和真正掌握马克思主义，打牢自身理论功底，就必须认真学习习近平新时代中国特色社会主义思想。“新时代中国特色社会主义思想，不仅包含着党治国理政的重要思想，也贯穿着中国共产党人的政治品格、价值追求、精神境界、作风操守的要求。要涵养政治定力，炼就政治慧眼，恪守政治规矩，自觉做政治上的明白人、老实人”[①]。在2019年春季学期中央党校（国家行政学院）中青年干部培训班开班式上，习近平总书记就理论武装和党性修养的关系作了阐释，强调政治上的坚定、党性上的坚定都离不开理论上的坚定。一名干部有了坚定的理想信念，站位就高了，心胸就开阔了，就能坚持正确政治方向。广大干部特别是年轻干部要在常学常新中加强理论修养，在真学真信中坚定理想信念，在学思践悟中牢记初心使命，在细照笃行中不断修炼自我，在知行合一中主动担当作为，保持对党的忠诚心、对人民的感恩心、对事业的进取心、对法纪的敬畏心，做到信念坚、政治强、本领高、作风硬。

要坚持理论联系实际，在实践中检验和发展真理，以马克思主义的

① 习近平：《论党的宣传思想工作》，中央文献出版社2020年版，第362页。

世界观和方法论为指导，具体地分析和解决中国的实际问题。习近平总书记在纪念马克思诞辰200周年大会上强调，历史和人民选择马克思主义是完全正确的，中国共产党把马克思主义写在自己的旗帜上是完全正确的，坚持马克思主义基本原理同中国具体实际相结合、不断推进马克思主义中国化时代化是完全正确的！进入新时代，我们党要团结带领人民实现第二个百年奋斗目标、实现中华民族伟大复兴的中国梦，必须坚持用中国化的马克思主义理论最新发展成果教育和武装全党，灵活运用马克思主义世界观和方法论去认识问题、分析问题和解决问题，不断在中国特色社会主义的伟大实践中推进马克思主义中国化时代化。

用党的创新理论武装全党是党的思想建设的根本任务。新征程上，我们要继续开辟百年大党自我革命的新境界，就必须深入学习习近平新时代中国特色社会主义思想这一马克思主义中国化时代化的最新理论成果。要通过习近平新时代中国特色社会主义思想的学习，坚持不懈用习近平新时代中国特色社会主义思想凝心铸魂、统一思想、统一意志、统一行动。组织实施党的创新理论学习教育计划，建设马克思主义学习型政党。加强理想信念教育，引导全党牢记党的宗旨，解决好世界观、人生观、价值观这个“总开关”问题，自觉做共产主义远大理想和中国特色社会主义共同理想的坚定信仰者和忠实实践者。坚持学思用贯通、知信行统一，把习近平新时代中国特色社会主义思想转化为坚定理想、锤炼党性和指导实践、推动工作的强大力量。坚持理论武装同常态化长效化开展党史学习教育相结合，引导党员、干部不断学史明理、学史增信、学史崇德、学史力行，传承红色基因，赓续红色血脉。

三、以严明纪律整饬作风，丰富自我革命有效途径

从党风党纪上看，我们党进行自我革命，必须以严明纪律整饬作风，丰富自我革命有效途径。

自我革命靠的是广大党员干部自觉行动，要主动“照镜子”检视自己，接受批评、改正错误。只有敢于“照镜子”，才能发现并改正自己身上的缺点。广大党员干部自觉行动又要与党的纪律的约束相结合。各级党组织要严格执行党的纪律，对广大党员严格要求、严格教育、严格监督，以严明的纪律督促解决好党员干部身上存在的党性不强、作风不正、遵纪不严的问题，解决好在世界观、人生观、价值观和权力观、地位观、利益观方面存在的问题，解决好目中无纪甚至顶风违纪，违反党的纪律和中央八项规定精神问题。

在严明纪律方面，重视加强党的纪律建设是党进行伟大自我革命的根本保证。党的纪律，是党按照民主集中制的原则，根据党的性质、纲领、革命发展的进程和实现党的路线方针政策的需要而确立的各种党规党法的总称，是党的组织和党员必须遵守的行为规则。中国共产党成立 100 多年来，就是依靠严明的纪律，保证了党的发展壮大和党的事业兴旺发达。习近平总书记指出：“组织观念、组织程序、组织纪律都要严起来。不严起来，就是一盘散沙。”[①] 严明党纪，要求党员在党内生活中必须依照党内法规和纪律办事，首先就要严格

① 《习近平关于严明党的纪律和规矩论述摘编》，中央文献出版社、中国方正出版社 2016 年版，第 37 页。

遵守和执行民主集中制。“要坚持按民主集中制原则处理党内组织和组织、组织和个人、同志和同志、集体领导和个人分工负责等重要关系，发扬党内民主、增进党内和谐，实行正确集中、维护党的团结统一”[①]。

党的纪律是统一的纪律。在党的十九大上，“纪律建设”首次与政治建设、思想建设、组织建设、作风建设并列纳入党的建设总体布局中，凸显了纪律建设的重要性。在整个党的建设中，党的纪律建设具有举足轻重的作用。加强党的纪律建设，必须使广大党员明是非、知荣辱，形成明确的、稳固的纪律观念，将党规党纪牢记于心，实践于行。要使守纪律成为浸在骨子里、融在血液中的自觉行动。在党的纪律问题上，习近平总书记明确提出，“我们党的党内规矩是党的各级组织和全体党员必须遵守的行为规范和规则”[②]。这些规范和规则具有高度的统一性。首先，党的纪律是一个统一的整体。党的纪律是一个整体、一个完整的系统，主要包括党章、民主集中制、党规党纪等内容，这些内容之间密切联系，规定了党员在工作、生活、理想、作风等方方面面都必须遵守的规矩，其中党章是党的根本大法，是全党必须遵守的总规矩。其次，党的纪律具有普遍约束力。党章明确规定，党的纪律是党的各级组织和全体党员必须遵守的行为规则。党内一切成员、一切组织，是完全一致的，这种一致体现在履行党员义务和完成党组织的任务上。再次，党的纪律平等适用于每一名党员。不论什么人，违反了党的纪律，都要受到追究。

---

① 《习近平关于严明党的纪律和规矩论述摘编》，中央文献出版社、中国方正出版社 2016 年版，第 45 页。
② 习近平：《论坚持党对一切工作的领导》，中央文献出版社 2019 年版，第 88 页。

“我们党是靠革命理想和铁的纪律组织起来的马克思主义政党，纪律严明是党的光荣传统和独特优势”[①]。党的纪律保证了党的路线方针政策贯彻执行。习近平总书记曾经指出，如果在政策上左顾右盼，在工作上浅尝辄止，就会贻误时机。那么我们靠什么来保证党的路线方针政策能够真正地贯彻执行呢？靠的就是党的纪律。实践证明，纪律是执行路线的保证，党的纪律对党的路线方针政策贯彻执行具有极端重要性。正确的路线方针政策制定出来以后，党的干部要发挥骨干作用，党员要发挥先锋模范作用，不折不扣地贯彻落实更需要党的纪律的规范和约束。党的纪律是维护党的团结统一的有力武器。党的纪律是坚决不能触碰的底线、雷区、红线，全党各级组织和全体党员只有遵守这些纪律，才能保证党在组织上的团结和行动上的一致。在新时代，要完成历史使命，就必须不断加强党的纪律建设，继续坚持纪严于法、执纪执法贯通，用好监督执纪“四种形态”，强化政治纪律和组织纪律，带动各项纪律全面严起来。要强化党员特别是领导干部的纪律意识，坚决同破坏党的纪律的行为作斗争，切实保证党的路线方针政策得到有效贯彻执行，不断推动事业的前进发展。

严明纪律，首先要严明政治纪律。2013 年 1 月，习近平总书记在十八届中央纪委二次全会上的讲话中指出：“党的纪律是多方面的，但政治纪律是最重要、最根本、最关键的纪律，遵守党的政治纪律是遵守党的全部纪律的重要基础。政治纪律是各级党组织和全体党员在政治方向、政治立场、政治言论、政治行为方面必须遵守的规矩，是

① 习近平：《论坚持党对一切工作的领导》，中央文献出版社 2019 年版，第 16 页。

维护党的团结统一的根本保证。”[①] 遵守党的政治纪律，最核心的就是坚持党的领导，坚持党的基本理论、基本路线、基本纲领、基本经验、基本要求，同党中央保持高度一致，自觉维护党中央权威。在政治问题上，任何人不能越过红线，越过了就要严肃追究其政治责任。违法乱纪会付出沉重代价，“任何人都不得把党的政治纪律和政治规矩当儿戏、胡作非为”[②]。

组织纪律在纪律建设中具有风向标作用。习近平总书记指出：“用一贤人则群贤毕至，见贤思齐就蔚然成风。选什么人就是风向标，就有什么样的干部作风，乃至就有什么样的党风。”[③] 习近平总书记强调，各级党委及组织部门要坚持党管干部原则，坚持正确用人导向，坚持德才兼备、以德为先，努力做到选贤任能、用当其时，知人善任、人尽其才，把好干部及时发现出来、合理使用起来。2018 年 7 月，习近平总书记在全国组织工作会议上明确提出新时代党的组织路线，即“全面贯彻新时代中国特色社会主义思想，以组织体系建设为重点，着力培养忠诚干净担当的高素质干部，着力集聚爱国奉献的各方面优秀人才，坚持德才兼备、以德为先、任人唯贤，为坚持和加强党的全面领导、坚持和发展中国特色社会主义提供坚强组织保证”[④]。

在整饬作风方面，党的自我革命重点是要持续不断地改进作风，这是事关党执政基础的大事。党要长期执政，必须加强自身建设，而党的作风是党的建设水平的综合性反映。党的十八大以来，以习近平

① 《习近平关于严明党的纪律和规矩论述摘编》，中央文献出版社、中国方正出版社 2016 年版，第 13 页。
② 《习近平关于严明党的纪律和规矩论述摘编》，中央文献出版社、中国方正出版社 2016 年版，第 86 页。
③ 《习近平谈治国理政》第 1 卷，外文出版社 2018 年版，第 418 页。
④ 《十九大以来重要文献选编》（上），中央文献出版社 2019 年版，第 559 —560 页。

同志为核心的党中央就是从党的作风建设开始，在有效解决党内存在的作风问题的同时推动党的建设的其他方面的开展，不仅赢得了人民群众支持，而且提升了执政能力和执政水平。因此，抓住了作风建设，就抓住了新时代党的建设的重要环节，树立起与时代、与党的任务和人民群众需求相适应的作风，就抓住了巩固党的群众基础和提高党的执政能力的切入点，进而巩固了党的执政基础和执政地位。

党的作风是党的形象，是反映党群干群关系、人心向背的晴雨表，关系党的生死存亡。以习近平同志为核心的党中央将作风建设摆到“关系民心向背，决定着党的群众基础”的高度，正风肃纪，激浊扬清。从 2012 年 12 月 4 日，中央政治局第一次会议审议通过中央政治局关于改进工作作风、密切联系群众的八项规定，到 2017 年 10 月 27 日十九届中共中央政治局第一次会议审议通过《中共中央政治局贯彻落实中央八项规定的实施细则》，再到 2022 年 10 月 25 日二十届中共中央政治局第一次会议审议《中共中央政治局贯彻落实中央八项规定实施细则》，以习近平同志为核心的党中央从制定和落实中央八项规定破题，坚持从中央政治局做起、从领导干部抓起，以上率下改进工作作风，驰而不息整饬党风。

党的十八大以来，以习近平同志为核心的党中央，以作风建设为突破口，坚持作风建设从严从实、常态化长效化，党心民心为之大振。从遏制“舌尖上的浪费”、刹住“车轮上的腐败”、整治“会所里的歪风”，到狠刹公款送礼、公款吃喝、公款旅游等不正之风，再到持续整治文山会海、督查检查考核过多过频、过度留痕，等等，我们党坚决纠正形式主义、官僚主义、享乐主义和奢靡之风，解决了群众反映强烈、损害群众利益的突出问题，推进基层减负，倡导勤俭节约、反对铺张浪费，刹住了一些过去被认为不可能刹住的歪风，纠治了一些多年未除的顽瘴痼疾，推进作风建设长效化、常效化，不断释放标本兼治综合效应，党风政风为之一新、社风民风持续向好，推动党的作风建设发生了深层次的、根本性的变革。

密切联系群众是中国共产党区别于其他政党的显著标志之一。我们党作为长期执政的马克思主义政党，立党为公、执政为民，全心全意为人民服务的根本宗旨始终没有改变；广大人民群众拥护党、支持党，维护党的领导地位的立场始终没有改变。中国特色社会主义进入新时代，以习近平同志为核心的党中央着力解决人民群众反映最强烈、对党的执政基础威胁最大的突出问题，更好满足人民在经济、政治、文化、社会、生态等方面日益增长的美好生活需要，更好推动人的全面发展、社会全面进步，赢得了广大党员干部和人民群众衷心拥护，进一步密切了党群干群关系，为我们党长期执政打下了深厚的群众基础。

经过驰而不息的整治，党的作风问题特别是“四风”问题得到了有力遏制，但未到鸣金收兵的时候。从一些“四风”典型案例看，有些作风问题呈现出地区性、行业性、阶段性特点，也出现了普遍发生、反复出现的状况，有的还披上了隐形变异的外衣，责任人员身处重要岗位甚至是“一把手”，呈现出由风变腐、风腐一体的明显特征，亟须深化整治。这再次提醒我们，作风建设永远在路上。越是形势严峻复杂，越要加强党的作风建设，以好的作风振奋精神、激发斗志、树立形象、赢得民心，走好新的赶考之路。

党的作风关系着人心向背，作风是一种无形的力量。党员来自人民群众，是人民群众中普通的一员。但是党员又是党组织中的一员，党员的言行不仅代表着个人，还与党的形象和作风密切相连。也就是说，党的行为代表党组织。人民群众对党的认识，对党采取的政治态度，除了通过党的纲领来考查外，主要看其成员的言行，尤其是通过其作风来确定。在革命战争年代，党用良好的作风攻破了敌人的谣言，赢得了人民群众的支持和拥护，坚定了人民群众跟党走的决心，在社会主义建设和改革开放新时期也是一样，党用良好的作风感召和凝聚了人民群众，鼓舞了全国人民的斗志，形成了强大的合力，共同为最终目标而奋斗。在新时代，人民群众同样通过观察党员的言行、作风来确定对党的态度。“作风问题核心是党同人民群众的关系问题”，党的作风好，真心为人民群众办事情，人民就相信党、拥护党，党在群众中的威信就高、形象就好。党的作风不仅影响党的形象，还广泛地影响社会风气，对社会的风气起着重要的示范和导向作用。党指引的方向就是群众前进的方向，其一举一动都会影响群众。党员清正廉洁、艰苦朴素，群众就会崇尚节俭。党的作风正了，人民就会自觉地跟着学，营造出良好的、充满活力的社会氛围，社会的风气也会变好，党和人民就能同甘共苦；反之，党的作风不好，人民群众同样也会跟着学，就会带坏社会的风气，从而给党的事业带来损害。党风如果不能引导社会风气向更文明的方向发展，这样的党就会失去立足之地。

作风建设永远在路上，抓作风最重要的是讲认真，这是习近平总书记对作风问题的科学判断，提升作风修养也永远在路上。因而需要全党不懈地努力，持之以恒地抓常抓细抓长。好的作风需要一步一步培养，要固定下来更是不易，会受到这样那样的消极因素的影响。可以说，“作风问题具有顽固性和反复性，形成优良作风不可能一劳永逸，克服不良作风也不可能一蹴而就”[①]。优良作风需要长期的培养和坚持，需要多数人共同努力和倡导。不良作风传染性很强，优良作风很容易受到不良作风的影响。想要纠正不良作风，要花费很大的气力。因为不良作风往往根深蒂固，“克服不良作风也不可能一蹴而就”，需要强有力的手腕去抓、去纠正，纠正之后又容易反复，需要坚持不懈一直抓下去。正如习近平总书记所说，“作风问题具有顽固性和反复性”“如果前热后冷、前紧后松，就会功亏一篑”，必须保持常抓的韧劲、长抓的耐心。作风建设需要抓常，就是要“经常抓、抓经常”。

作风问题体现在工作的方方面面，并不是孤立地存在。为了不使抓作风成为“两张皮”，就需要切实把作风与日常的工作联系起来，融入日常工作而不能脱离工作实际，以抓作风促进工作，这样才能确保收到实效。抓常就是要形成常态，决不能一阵风，否则就会反弹，必须落实到工作的每一个环节，不留盲点和死角，以抓工作强化作风建设。作风建设要抓细，“天下难事，必作于易；天下大事，必作于细”“小洞不补，大洞受苦”。细节决定成败，作风建设不能大而化之，抓作风要抓住隐藏在工作细节中的问题，从小事抓起，尤其是群众反映的小问题，要把作风隐患消除在萌芽状态。因为一些小事、小节看似不大，但其中体现出来的作风问题并不小。如果不抓细，小事就会积累，演变成大问题，从而形成不良的作风，损害党的肌体的健康。作风问题要抓长，就是要打攻坚战和持久战。要从思想上充分认识到作风问题的长期性，做好长期作战的心理准备，杜绝“三天打

① 《习近平关于党的群众路线教育实践活动论述摘编》，党建读物出版社、中央文献出版社 2014 年版，第 14 页。

鱼，两天晒网”的情况出现。要做好力度不减、温度不降的准备，对待作风问题要发扬钉钉子精神，拧紧“螺丝扣”，在力度上决不能有半点松懈，否则就会反弹，甚至会吞噬已经取得的成效。

中央八项规定要长期遵守。要拿出恒心和韧劲，继续在常和长、严和实、深和细上下功夫，管出习惯、抓出成效，化风成俗。要加固中央八项规定的堤坝，锲而不舍纠“四风”、树新风。形式主义、官僚主义是党和国家事业发展的大敌。要从领导干部特别是主要领导干部抓起，树立正确政绩观，尊重客观实际和群众需求，强化系统思维和科学谋划，多做为民造福的实事好事，杜绝装样子、搞花架子、盲目铺摊子。

当前，更好统筹中华民族伟大复兴战略全局和世界百年未有之大变局，对我们党应对重大挑战、抵御重大风险、克服重大阻力、化解重大矛盾、解决重大问题的能力提出了更高要求。党必须以自我革命的精神，不断进行革命性锻造，才能增强本领，抓住机遇，应对挑战。纪律建设、作风建设都不会一劳永逸，也不可能一蹴而就，它是一项永远在路上的常抓不懈的重要任务。新征程上，我们要继续开辟百年大党自我革命的新境界，就必须坚持以严的基调强化正风肃纪，锲而不舍落实中央八项规定精神，抓住“关键少数”以上率下，持续深化纠治“四风”，重点纠治形式主义、官僚主义，坚决破除特权思想和特权行为，推进作风建设常态化长效化；就必须全面加强党的纪律建设，督促领导干部特别是高级干部严于律己、严负其责、严管所辖，对违反党纪的问题，发现一起坚决查处一起。坚持党性党风党纪一起抓，从思想上固本培元，使领导干部提高党性觉悟，增强拒腐防变能力，涵养富贵不能淫、贫贱不能移、威武不能屈的浩然正气。

四、以雷霆之势反腐惩恶，打好自我革命攻坚战、持久战

从反腐败斗争看，我们党进行自我革命，必须以雷霆之势反腐惩恶，打好自我革命攻坚战、持久战。

共产党的党性决定了其与腐败水火不相容。腐败是世界各国存在的普遍现象，是社会的顽疾。长期以来，各国政党都在强调反腐败，但腐败的现象一直无法根绝。特别是在一些资本主义国家，在资产阶级政党的领导下，长期积累的矛盾导致民怨载道、社会动荡、政权垮台，其中贪污腐败就是一个很重要的原因。就此，习近平总书记给全党敲响了警钟："大量事实告诉我们，腐败问题越演越烈，最终必然会亡党亡国！我们要警醒啊！"[①] 中国共产党作为马克思主义执政党，人民性是我们党的本质属性。这一本质属性，决定了我们党始终代表最广大人民根本利益，与人民休戚与共、生死相依，没有任何自己特殊的利益，从来不代表任何利益集团、任何权势团体、任何特权阶层的利益；决定了我们党始终坚持党要管党、全面从严治党，始终坚决反对腐败、建设廉洁政治，对损害党的先进性和纯洁性的病症都要彻底医治，对损害党的肌体健康的毒瘤都要坚决祛除，大力推进反腐败斗争，确保党保持肌体健康、青春活力。

为政清廉才能取信于民，秉公用权才能赢得人心。改革开放以来，我们党明确地提出了权力的制约和监督问题，坚决反对和防止权力对党的侵蚀。我们党找到了反腐败的根本思路，明确地提出了权力

① 《习近平谈治国理政》第 1 卷，外文出版社 2018 年版，第 16 页。

的制约和监督问题。这是从 20 世纪八九十年代以后，特别是苏联与东欧国家共产党执政失败后不断探索而总结的经验。对权力进行制约和监督就是建立结构合理、配置科学、程序严密、制约有效的权力运行机制，从决策和执行等环节加强对权力的监督，保证把人民赋予的权力真正用来为人民谋利益。

新时代的反腐败斗争赢得了党心军心民心。在反腐败问题上，社会上曾经存在一些不正确的认识：有的人认为反腐败是刮一阵风，搞一段时间就会过去，现在打枪，暂且低头；有的人认为反腐败查下去会打击面过大，影响经济发展，导致消费需求萎缩，甚至把当前经济下行压力增大与反腐败力度加大扯在一起；有的人认为反腐败会让干部变得缩手缩脚、明哲保身，不愿意干事了；等等。习近平总书记强调："对这些模糊认识和错误言论，必须加以辨析、引导，驳斥错误言论，化解消极情绪，消除偏见误解，说清楚我们党反腐败不是看人下菜的'势利店'，不是争权夺利的'纸牌屋'，也不是有头无尾的'烂尾楼'，从而为深入开展党风廉政建设和反腐败斗争营造良好舆论氛围。"① 坚定不移惩治腐败，是我们党有力量的表现，也是全党同志和广大群众的共同愿望。"不反腐败确实要亡党，真反腐败不仅不会亡党，而且能增强党自我净化、自我完善、自我革新、自我提高能力，保持党同人民群众的血肉联系，使我们党更加坚强、更有力量。"②

我们党把党风廉政建设和反腐败斗争提到关系党和国家生死存亡

① 《习近平讲故事》，人民出版社 2017 年版，第 9 页。
② 《习近平关于防范风险挑战、应对突发事件论述摘编》，中央文献出版社 2020 年版，第 127 页。

的高度来认识，是深刻吸取了古今中外的历史教训的。人民群众最痛恨腐败现象，腐败是我们党面临的最大威胁。党风廉政建设，是广大干部群众始终关注的重大政治问题。在长期执政条件下，我们党面临的最大风险和挑战是来自党内的腐败和不正之风。中国历史上因为统治集团严重腐败导致人亡政息的例子很多，当今世界上由于执政党腐化堕落、严重脱离群众，导致失去政权的例子也不胜枚举。

党的十八大以来，以习近平同志为核心的党中央深刻认识到，腐败是党长期执政的最大威胁，必须把权力关进制度的笼子里，依纪依法设定权力、规范权力、制约权力、监督权力。为此，党中央开展了史无前例的反腐败斗争，以“得罪千百人、不负十四亿”的使命担当祛疴治乱，不敢腐、不能腐、不想腐一体推进，集中削减腐败存量，坚决遏制腐败增量，有力遏制了腐败蔓延势头，为完善制度、筑牢思想防线创造了条件，为深化标本兼治夯实基础。在依法严厉惩治、形成不敢腐的惩戒机制的同时，注重深化标本兼治，坚持思想建党和制度治党紧密结合，完善法规制度、形成不能腐的防范机制，加强思想教育、形成不想腐的自律防线，着力营造不敢腐、不能腐、不想腐的氛围，反腐败形势逐渐发生变化，从“腐败和反腐败呈胶着状态”，到“反腐败斗争压倒性态势正在形成”，到“反腐败斗争压倒性态势已经形成并巩固发展”，到“反腐败斗争取得压倒性胜利并全面巩固”，消除了党、国家、军队内部存在的严重隐患，确保党和人民赋予的权力始终用来为人民谋幸福。习近平总书记强调：“一个政党，一个政权，其前途命运取决于人心向背。人民群众反对什么、痛恨什么，我们就要坚决防范和纠正什么。”[①] 民心是最大的政治，人民群众最痛恨腐败，这是一笔再明白不过的政治账、人心向背账，必须坚持以正风肃纪反腐凝聚党心军心民心，厚植党执政的政治基础。党的十八大以来，党中央持之以恒深入推进反腐败斗争，查处了一大批腐败分子，深得人民群众拥护支持。

在党的二十大报告中，习近平总书记明确强调：“腐败是危害党的生命力和战斗力的最大毒瘤，反腐败是最彻底的自我革命。只要存在腐败问题产生的土壤和条件，反腐败斗争就一刻不能停，必须永远吹冲锋号。”[②] 迈上全面建设社会主义现代化国家新征程，我们党要跳出治乱兴衰的历史周期率，要时刻保持解决大党独有难题的清醒和坚定，确保党永远不变质、不变色、不变味，就必须以彻底的自我革命精神坚决打赢反腐败斗争攻坚战持久战，使百年大党不断焕发出蓬勃生机，始终成为中国人民最可靠、最坚强的主心骨。

习近平总书记强调：“腐败是党面临的最大威胁，坚决防治腐败是党自我革命必须长期抓好的重大政治任务。”[③] 反腐败斗争是一场输不起也决不能输的重大政治斗争，必须决战决胜，以彻底的自我革命精神打赢反腐败斗争攻坚战持久战。新征程上，党的建设特别是党风廉政建设和反腐败斗争面临不少顽固性、多发性问题，铲除腐败滋生土壤的任务依然艰巨，反腐败斗争还未到大功告成的时候。

坚决除恶务尽，以零容忍态度反腐惩恶。习近平总书记指出：

---

① 《习近平谈治国理政》第3卷，外文出版社2020年版，第48页。

② 习近平：《高举中国特色社会主义伟大旗帜 为全面建设社会主义现代化国家而团结奋斗——在中国共产党第二十次全国代表大会上的报告》，人民出版社2022年版，第69页。

③ 《习近平关于防范风险挑战、应对突发事件论述摘编》，中央文献出版社2020年版，第134页。

“我们这么强力反腐，对腐败采取零容忍的态度，目的是什么呢？是为了赢得党心民心。”[①]要坚持党纪国法面前没有例外，任何人不管功劳多大、地位多高，一旦触犯了党纪国法，都要依纪依法严肃查处，党内决不允许腐败分子有藏身之地。坚持有案必查、有腐必惩，坚持“老虎”“苍蝇”一起打，做到零容忍的态度不变、猛药去疴的决心不减、刮骨疗毒的勇气不泄、严厉惩处的尺度不松，发现一起查处一起，发现多少查处多少，不定指标、上不封顶，凡腐必反，除恶务尽。即使腐败分子跑到天涯海角，也要把他们绳之以法，决不能让其躲进“避罪天堂”逍遥法外。要持续保持高压态势，坚决惩治政治问题和经济问题交织的腐败，坚决防止领导干部成为利益集团和权势团体的代言人、代理人，坚决治理政商勾连破坏政治生态和经济发展环境问题，决不姑息。

坚决靶向治疗，紧盯腐败痼疾持续用力。习近平总书记强调，“要从源头上有效防治腐败，加强对典型案例的剖析，从中找出规律性的东西，深化腐败问题多发领域和环节的改革”[②]。党的十八大以来，反腐败斗争取得压倒性胜利并全面巩固。但是，面对反腐败的高压态势，一些领域腐败现象仍然易发、多发、高发，一些腐败分子一意孤行，仍然没有收手、没有收敛，甚至变本加厉，其胃口之大、数额之巨、时间之长、情节之恶劣，令人触目惊心，有的地方甚至出现了“塌方式腐败”。要深化重点领域和关键环节的反腐败工作，深化整治权力集中、资金密集、资源富集领域的腐败，紧盯选人用人、审批监

① 《习近平关于协调推进“四个全面”战略布局论述摘编》，中央文献出版社 2015 年版，第 145 页。
② 《习近平关于全面深化改革论述摘编》，中央文献出版社 2014 年版，第 71 页。

管、资源开发、金融信贷、大宗采购、土地出让、房产开发、工程招投标、公共财政支出等方面的顽瘴痼疾，精准用力、久久为功、善作善成，推动重点领域和关键环节反腐败斗争取得更大成效。

坚决层层设防，把权力关进制度的笼子里。反腐倡廉的核心是制约和监督权力，必须把权力关进制度的笼子里。没有健全的制度，腐败现象就控制不住。要尽快形成内容科学、程序严密、配套完备、有效管用的反腐败制度体系。要在制度的严密性上下功夫，要向紧一点、严一点的标准努力，用最严格的制度、最严密的监督来保障和巩固工作成效，切不能“牛栏关猫”。习近平总书记指出：“没有健全的制度，权力没有关进制度的笼子里，腐败现象就控制不住。”①从本质上看，腐败就是权力出轨、越轨、被滥用，许多腐败问题其实都与权力配置不科学、使用不规范、监督不到位紧密相关。要围绕授权、用权、制权等环节，完善权力配置和运行制约机制，合理确定权力归属，划清权力边界，厘清权力清单，强化权力流程控制，压缩自由裁量空间，杜绝各种暗箱操作，把权力运行置于党组织和人民群众监督之下，最大限度减少权力寻租的空间。要抓住政策制定、决策程序、审批监管、执法司法等关键权力，严格职责权限，规范工作程序，强化权力制约，减少权力对微观经济活动的不当干预，着力减少腐败机会。要把反腐败的防线和关口前移，着力补短板、强弱项，加强日常监督管理，抓早抓小、防微杜渐、层层设防。要一体推进不敢腐、不能腐、不想腐，健全党统一领导、全面覆盖、权威高效的监督体系，完善权力监督制度和执纪执法体系，使各项监督更加规范、更加有

① 《习近平关于党风廉政建设和反腐败斗争论述摘编》，中国方正出版社、中央文献出版社 2015 年版，第 125 页。

力、更加有效。

坚决刚性执行，真正让铁规禁令发力生威。要善于用法治思维和法治方式反腐败，加强反腐败国家立法。同时，要特别注重加强法律制度建设，让法律制度刚性运行，坚决做到制度面前人人平等、制度执行没有例外。习近平总书记强调："反腐倡廉法规制度一经建立，就要让铁规发力、让禁令生威，确保各项法规制度落地生根。"[①]在党内政治生活中，一些党员干部贪污腐败、奢靡享乐、脱离群众等，并不是我们党内无章可循、无法可守，也不是党所制定的党内法规制度不正确，而是这些党内法规制度在一些党组织和党员干部中没有被执行，或者被歪曲了，或者被破坏了。法规制度的生命力在于被正确执行，没有被正确执行，法规制度就无法发挥它应有的规范引导、控制约束、警戒警告、惩罚威慑等作用。要强化制度治党、依规治党，增强全党制度意识、法规意识，增强反腐倡廉法规制度的权威性和执行力，下大气力抓落实、抓执行，坚决纠正随意变通、恶意规避、无视制度的现象，坚决杜绝做选择、搞变通、打折扣的现象，不留"暗门"、不开"天窗"，使全党自觉尊崇制度、严格执行制度、坚决维护制度，防止党内法规制度硬约束变成"橡皮筋"，"长效"变成"无效"。

坚持一体推进不敢腐、不能腐、不想腐。不敢腐是不能腐、不想腐的前提，重在惩治和震慑。刑罚的威慑力不在于刑罚的严酷性，而在于其不可避免性。当查处效率很高、腐败行为被处罚确定性风险系数较大，腐败行为的预期收益等于或小于其成本时，行为主体就倾向

① 习近平：《论坚持全面依法治国》，中央文献出版社2020年版，第155页。

于自动阻断腐败。不敢腐，其实质就是保持惩治腐败高压态势，提高腐败案件查处概率，降低腐败收益和违法成本之间的比率，倒逼干部正确对待权力、谨慎使用权力、不敢滥用权力。惩治是后墙、是底线，如果没有惩治，教育、监督和制度就不会带电、长牙，就会成为“纸老虎”“稻草人”。不能腐是不敢腐、不想腐的保障，重在制约和监督。腐败问题易发多发，一个很重要的原因就是制度不完善、管理不严格，权力过大、过于集中，同时又得不到有效制约和监督。不能腐，就是要从源头抓起，对党的十八大以来惩治腐败的生动实践进行系统总结和深入剖析，加强反腐败体制机制创新和制度建设，用科学有效的体制机制监督制约权力，将权力关进制度的笼子里，对不敢腐划出红线，对不想腐提出倡导，为不敢腐、不想腐提供有力支撑。不想腐是不敢腐、不能腐的防线，重在教育和自律。无论制度如何完善，执法如何严厉，抵御贪腐诱惑在于秉持道德操守、坚守思想防线。不想腐，就是要强化对党员干部和公职人员的教育引导，告诫他们“公款姓公，一分一厘都不能乱花；公权为民，一丝一毫都不能私用”，筑牢不想腐的思想基础，建立拒腐防变的精神防线，为不敢腐、不能腐构筑起坚固的思想堤坝。

廉洁自律是共产党人为官从政的底线。“鱼和熊掌不可兼得，当官发财两条道，当官就不要发财，发财就不要当官”[①]。新征程上，我们要继续开辟百年大党自我革命的新境界，就必须坚决抛弃“看戏”心态，真正从腐败分子身上吸取教训，把未病当作有病防，保持共产党人的高尚品格和廉洁操守，提高拒腐防变能力，坚守底线、追求高

① 《习近平关于注重家庭家教家风建设论述摘编》，中央文献出版社 2021 年版，第 49 页。

标准，不断提高自身免疫力。要从害怕被查处的“不敢”走向提高党性觉悟、培育清正廉洁的价值理念、自觉遵守廉洁自律准则的“不想”，把好权力关、金钱关、美色关，做到清清白白做人、干干净净做事、坦坦荡荡为官，不断夯实拒腐防变、廉洁自律、勇于自我革命的政治根基。

五、增强党组织政治功能和组织功能，锻造勇于自我革命的干部队伍

从组织上看，我们党进行自我革命，必须增强党组织的政治功能和组织功能，锻造勇于自我革命干部队伍。

基层组织作为党执政的根基，政治功能是其整体功能中最核心、最本质的部分，也是基层党组织的“魂”。基层党组织的政治功能，是指基层党组织贯彻党的路线、方针、政策，保持党的先进性和纯洁性，领导本组织内党员履行党的义务、保障党的权利，发挥党组织战斗堡垒作用和党员先锋模范作用，确保执政党在基层的执政基础坚实牢固，确保党长期执政发挥有力作用和重要效能。因此，在基层工作中，要旗帜鲜明地强调党组织的政治功能和组织功能，处理好基层党组织和基层政府、基层自治组织作用发挥的关系，充分发挥党组织政治引领和领导作用。在党中央大抓基层的鲜明导向指引下，各领域基层党组织建设深入推进，基层党组织全面进步、全面过硬，政治功能和组织力、凝聚力进一步增强，基层党组织的战斗堡垒作用和共产党员的先锋模范作用充分彰显。

我们党是执政党，基层党组织不是一般的社会组织，而是政治组织。我们所做的任何工作、采取的一切措施，都是为了保证党长期执政、更好地执政，更好地为人民服务。基层党组织的工作也必然围绕这个根本目的来开展。在农村，要遵循《中国共产党农村基层组织工作条例》，坚持农村基层党组织的领导地位不动摇，坚持和健全农村重大事项、重要问题、重要工作由党组织讨论决定的机制，完善党组织实施有效领导、其他各类组织按照法律和各自章程开展工作的运行机制。在城市，要落实街道社区党组织领导本地区的工作和基层社会治理各项职责任务，领导和引领社区各类组织自我约束、自我管理、自我教育、自我服务。在机关，要紧紧围绕服务中心、建设队伍，发挥协助和监督作用。在国有企业，要把党的领导融入企业治理各环节，确保党组织在企业治理结构中的领导地位，充分发挥国有企业党委（党组）把方向、管大局、保落实的领导作用。在高等院校，要认真落实党委领导下的校长负责制，形成党委统一领导、党政分工合作、协调运行的工作机制。在科研院所等事业单位，决定或参与决定重大问题并监督实施，支持保证行政领导人依法行使职权，促进各项任务完成。在非公有制经济组织和社会组织，要把坚持党的领导与促进非公有制经济组织和社会组织健康发展有机结合起来，加强政治引领，保证党的方针政策和国家各项法律法规贯彻执行。

党的工作最坚实的力量支撑在基层，最突出的矛盾问题也在基层，必须把抓基层、打基础作为长远之计和固本之举。只要每个基层党组织和每个共产党员都有强烈的宗旨意识和责任意识，就能充分发挥战斗堡垒作用和先锋模范作用，我们党、国家、人民就会很有力量，党的执政基础就能坚如磐石。习近平总书记指出：“党的基层组织是党的肌体的‘神经末梢’，要发挥好战斗堡垒作用。落地才能生根，根深才能叶茂。”①

全面提升基层党组织组织力，突出政治功能，把党的基层组织建设成为坚强战斗堡垒。党的力量来自组织，基层党组织是党的全部战斗力和生命力的基础。提升基层党组织组织力，具有重大时代价值，是摆在我们党面前的一项重大政治任务。提升基层党组织组织力要紧密结合基层党组织面对的工作和环境特点，服务和推动中心工作的展开，把党的政治优势、组织优势转化为发展优势。一要在推动业务融合上做表率，教育引导党员干部树立融合理念，掌握抓党建促业务的方法论和实践本领，在推进改革时从责任担当、示范表率上排除障碍，在提升业绩上从干部带动、群众发动上激发活力，在风险防范中从思想根源、纪律约束上找准问题。要找准融合路径，在细化“一岗双责”执行机制中实现党建与业务的有机融合，保证指标完善，权重得当，联述联评，考核有效。探索建立优秀党员与业务骨干联合的团队，强化技术人才和党员干部的互动，相互促进，共同提高。二要在服务业务发展中做中流砥柱。好的蓝图是干出来的。要经常开展党史国史教育，引导党员干部学习践行党的光荣传统和优良作风，弘扬脚踏实地、锲而不舍的工匠精神，要发掘本单位本领域的创业人物、创业历程、创业精神，将其融入日常党性教育、职工培训、团队活动，传承先进文化和实干精神。三要在深化改革攻坚中争先。教育引导党员、干部强化改革创新意识，克服因循守旧的思想障碍，突破利益固化的藩篱，争做改革的执行者、先行者、引领者，以党员队伍良好的

① 习近平：《论坚持党对一切工作的领导》，中央文献出版社 2019 年版，第 260 页。

精神状态和奋斗姿态带动全员干事创业，积极做好典型示范工作，树立深化改革中的先进党员、先进工作者典型，用身边事教育身边人，营造学先争先、谋事干事的浓厚氛围。基层党组织的根本属性是政治组织，政治功能是其首要功能，也是基层党组织的灵魂所在。

突出强化党组织的政治功能，提升政治领导力。一是强化政治教育。基层组织要高度重视理论武装工作，教育引导党员、干部和群众深入学习习近平新时代中国特色社会主义思想，加强对党员理论学习培训、形势政策教育、思想动态跟踪的常态化、周期性管理，提升党员干部在党言党、在党忧党、在党为党的政治站位。二是强化政治领导。要充分发挥基层党组织政治优势，教育党员严守政治纪律和政治规矩，通过扎实有效的思想政治工作把党的意志、主张、要求转化为党员的自觉行动，坚决做到“两个维护”。三是强化政治生活。基层党组织书记要严格执行《关于新形势下党内政治生活的若干准则》，带头发扬民主，善于集中集体智慧，鼓励党员、群众实事求是反映问题、敞开心扉交流意见，确保党组织部署的各项工作获得党员、群众的充分认可和支持。四是强化政治担当。推动党员干部把对党忠诚、为党分忧、为党尽职、为民造福作为根本政治担当，将党的各项方针政策结合本地区、本部门的实际，细化为具体的工作措施，不折不扣地贯彻落实到位，创造性地开展工作，不断开创事业发展。

党的力量来自组织。党的组织路线是为党的政治路线服务的。正确政治路线决定正确组织路线，正确组织路线服务保证正确政治路线。党的十八大以来，以习近平同志为核心的党中央以新时代党的组织路线为引领，全面从严治党从党中央做起，从高级干部严起，既对广大党员提出普遍性要求，又对“关键少数”特别是“一把手”提出更高标准、进行更严监督，管党治党从“惩治极少数”走向“管住大多数”。坚持新时代好干部标准，突出政治素质要求、树立正确用人导向，坚持德才兼备、以德为先，坚持五湖四海、任人唯贤，坚持事业为上、公道正派，强化党组织领导和把关作用，纠正选人用人上的不正之风。严管厚爱结合，加强干部日常管理监督，不断激发广大干部干事创业积极性、主动性、创造性。特别是 2018 年 7 月，习近平总书记在全国组织工作会议上提出了新时代党的组织路线，并深刻阐明了新时代党的组织路线的科学内涵，这在马克思主义政党建设史和中国共产党历史上是具有开创性的，表明我们党对马克思主义执政党建设的规律性认识提升到了新高度，是对马克思主义党建学说特别是执政党建设理论的重大贡献。

以造就高素质、专业化、勇于自我革命的执政骨干队伍为目标，增强党员干部的能力素养。面对发展中的问题，需要用专业思维、专业素养、专业方法去解决民生问题、破解发展难题。因此，习近平总书记强调：“各级领导干部要加快知识更新、加强实践锻炼，使专业素养和工作能力跟上时代节拍，避免少知而迷、无知而乱，努力成为做好工作的行家里手。”[①] 这样，才能真正克服本领恐慌的问题，才能适应时代发展的需求，有效回应广大人民群众的期盼。

“全面依法治国是国家治理的一场深刻革命，关系党执政兴国，关系人民幸福安康，关系党和国家长治久安”[②]。在法治轨道上全面建设社会主义现代化国家，必须提升党员干部的法治素养，提高领导干

① 《习近平关于全面从严治党论述摘编》，中央文献出版社 2021 年版，第 270 —271 页。

② 习近平：《高举中国特色社会主义伟大旗帜 为全面建设社会主义现代化国家而团结奋斗——在中国共产党第二十次全国代表大会上的报告》，人民出版社 2022 年版，第 40 页。

部运用法治思维和法治方式的能力。一是认真学习法律。党员干部要根据自己的岗位、自己掌握的法律资料，利用好各种媒介主动学习法律知识，尤其要认真学习宪法、中国特色社会主义法治理论，不断提升对我国法律的了解和认知。二是真正尊崇法律。尊法，说到底就是敬畏法律。要想达到真正牢不可破的法治，党员干部必须内心尊崇法治，尤其时刻敬畏、尊重宪法和法律，树立宪法法律至上、法律面前人人平等的法治理念，心中始终高悬法律的明镜。三是严格遵守法律。作为人民的公仆，党员干部必须严格遵守“法定职权必须为、法无授权不可为”原则，没有任何超越宪法和法律的特权。要自觉在法律的约束下行政，做到法律面前不为私心所扰，坚决不踩踏法律红线、不逾越法律底线、不触碰法律“高压线”。四是善于运用法律。要不断提升法治思维，遇到实践中的现实问题要转换思考方式，善于运用法治思维和法治方式想问题、作判断。对在社会主义建设中遇到的问题首先从法律的角度思考和谋划，养成依法履职、依规办事的习惯，落实工作时首先要考虑“合法不合法”。注重运用法治思维和法治方式协调利益关系、解决利益冲突，不断提升法治实践效果。五是自觉维护法律。每个公民都要自觉维护宪法和法律，尤其是党员干部，要带领人民群众遵守宪法和法律，更要带头维护宪法和法律尊严，勇于同一切破坏法律秩序的违法犯罪行为作斗争。

此外，党员干部勇于自我革命还体现在敢于坚持原则、敢于斗争上。坚持原则、敢于斗争，是共产党人的重要品格，是衡量党员干部称职的重要标准。习近平总书记强调：“共产党人讲党性、讲原则，就要讲斗争。在原则问题上决不能含糊、决不能退让，否则就是对党和人民不负责任，甚至是犯罪。”[①] 自古以来，人们就对“好好先生”嗤之以鼻。孔子说：“乡愿，德之贼也。”就是说那些不分是非、不得罪乡里的“好好先生”，其实是破坏道德的人。孟子认为这种人“同乎流俗，合乎污世”。《红楼梦》里则以一句“又要自己便宜，又要不得罪了人”，把这种人刻画得入木三分。现在，一些党员干部错误理解“和为贵”，一味讲“宽容”、讲“和气”，当老好人，对政治原则问题含含糊糊，对大是大非问题做“开明绅士”，对不良现象听之任之，还有的八面玲珑、左右逢源，说话办事看来头、看风向，随波漂，随风倒，这同党性原则是背道而驰的，必须坚决纠正。大量事实表明，一些地方和单位正气不彰、邪气蔓延，工作局面长期打不开，矛盾问题积累一大堆，同好人主义的盛行有密不可分的关系。我们党历来提倡团结，但团结是通过积极健康的思想斗争达成的，不是无原则的一团和气。

严密的组织体系是党的优势所在、力量所在。新征程上，我们要继续开辟百年大党自我革命的新境界，就必须坚持大抓基层的鲜明导向，推进以党建引领基层治理，持续整顿软弱涣散基层党组织，把基层党组织建设成为有效实现党的领导的坚强战斗堡垒，把党的路线方针政策和党中央决策部署贯彻落实好，把各领域广大群众组织凝聚好；就必须坚持党管干部原则，坚持德才兼备、以德为先、五湖四海、任人唯贤，把新时代好干部标准落到实处，建设一支政治过硬、适应新时代要求、具备领导现代化建设能力、勇于自我革命的干部队伍。

---

① 《习近平谈治国理政》第 4 卷，外文出版社 2022 年版，第 532 页。

六、完善党的自我革命制度规范体系，夯实自我革命制度保障

从制度上看，我们党进行自我革命，必须完善党的自我革命制度规范体系，为推进伟大自我革命提供制度保障。

依法治国和依规治党是党治国理政的顶层设计，坚持思想建党和制度治党相统一是我们党的优良传统和宝贵经验。我们党要着眼于长期执政，跳出历史周期率，必须有一套制度设计，修复肌体、健全机制、丰富功能，不断构建系统完备、科学规范、运行有效的制度体系，完善决策科学、执行坚决、监督有力的权力运行机制，用制度解决好党内存在的矛盾和问题。通过制度创新，压缩腐败现象存在的空间和土壤，不断提高自我革命的实效。

党的十八大以来，党中央坚持全面从严治党、依规治党，严格执行党章，建成内容科学、程序严密、配套完备、运行有效的党内法规制度体系，党内法规制度建设取得显著成绩，构建起“四自能力”的制度规范体系，为推进伟大自我革命提供了制度保障，制度权威性和执行力不断增强。同时，我们把党的制度建设贯穿于党的其他建设之中，党的建设科学化、制度化、规范化水平明显提高。党领导完善党和国家监督体系，推动设立国家监察委员会和地方各级监察委员会，构建巡视巡察上下联动格局，构建以党内监督为主导、各类监督贯通协调的机制，加强对权力运行的制约和监督。

与此同时，对权力的两面性，我们党有着清醒的认识。权力导致腐败，绝对权力导致绝对腐败。习近平总书记指出，“如果权力没有

约束，结果必然是这样”[①]。正是由于对权力这一特性的认识，在执政以后，我们党能不能处理好权力问题，也面临着其他一切社会管理者所面临的共同问题，就是怎样保证权力为它所代表的阶级和广大人民群众服务。因为执政就是掌握权力，权力的运行要有效，需要一整套决策机制、制约监督的制度体系。

苏联共产党垮台的教训需要我们吸取。共产党是要为人民群众掌好权、用好权的，但从苏联共产党执政的历史看，他们虽然做了很大的努力，取得了很大的成就，但从根本上来说，并没有构筑好一个完善的权力运行机制。苏联共产党垮台的教训告诉我们，权力如果不是为人民群众行使，而变成了少数人以权谋私的工具，最后必然会被人民群众所抛弃。这一点是任何一个共产党人必须牢牢记取的。绝对的权力导致绝对的腐败，这一点对于任何掌握权力的人和政党来讲都没有例外。

对权力的两面性，我们党也有一个认识过程。一段时间以来，有的人分析腐败的原因，往往是从封建主义、资产阶级思想层面分析得多，对权力因素分析得少。他们没有深刻地认识到，党执政掌握了权力，有了更好地为人民服务的条件；但如果权力得不到有效的监督，就有可能产生腐败。从政治学的意义上讲，党的作风和腐败是两个范畴的问题。党的作风是党的性质的外部表现，而腐败的实质是权力的滥用。但在实践中，作风和腐败又联系在一起，滥用权力本身就是作风不正的表现。因此，反腐败也是密切党群关系、加强党的作风建设的重要内容，尤其在执政条件下更是如此。党的执政地位不是与

① 《习近平关于党风廉政建设和反腐败斗争论述摘编》，中国方正出版社、中央文献出版社 2015 年版，第 122 页。

生俱来的，也不是一劳永逸的。我们的领导干部必须真正认识到这个问题，居安思危，增强忧患意识，深刻总结世界上一些执政党兴衰成败的经验教训，更加自觉地为人民执好政、掌好权。习近平总书记强调：“各级领导干部要牢固树立正确权力观，保持高尚精神追求，敬畏人民、敬畏组织、敬畏法纪，做到公正用权、依法用权、为民用权、廉洁用权，永葆共产党人拒腐蚀、永不沾的政治本色。”①

新征程上，我们要继续开辟百年大党自我革命的新境界，就必须进一步完善党的自我革命制度规范体系。坚持制度治党、依规治党，以党章为根本，以民主集中制为核心，完善党内法规制度体系，增强党内法规权威性和执行力，形成坚持真理、修正错误，发现问题、纠正偏差的机制。健全党统一领导、全面覆盖、权威高效的监督体系，完善权力监督制约机制，以党内监督为主导，促进各类监督贯通协调，让权力在阳光下运行。推进政治监督具体化、精准化、常态化，增强对“关键少数”特别是“一把手”和领导班子监督的实效。发挥政治巡视利剑作用，加强巡视整改和成果运用。落实全面从严治党政治责任，用好问责利器。要完善权力监督制度和执纪执法体系，使其更加规范、更加有力、更加有效。各级党委（党组）要履行党内监督的主体责任，突出加强对“关键少数”特别是“一把手”和领导班子的监督。纪检监察机关要发挥监督专责机关作用，协助党委全面从严治党，推动党内监督和其他各类监督贯通协同。

① 《习近平谈治国理政》第2卷，外文出版社2017年版，第44—45页。

第九章

以伟大自我革命引领伟大社会革命

党的自我革命是引领伟大社会革命的强大动力。我们党为什么能够在现代中国各种政治力量的反复较量中脱颖而出？为什么能够始终走在时代前列、成为中国人民和中华民族的主心骨？根本原因在于我们党始终保持了自我革命精神，保持了承认并改正错误的勇气，一次次拿起手术刀来革除自身的病症，一次次靠自己解决了自身问题。“这种能力既是我们党区别于世界上其他政党的显著标志，也是我们党长盛不衰的重要原因所在”[①]。我们党要始终成为时代先锋、民族脊梁，始终成为马克思主义执政党，自身必须始终过硬。“怎样才算过硬，就是要敢于进行自我革命，敢于刀刃向内，敢于刮骨疗伤，敢于壮士断腕，防止祸起萧墙。这就是为什么我们党要不断进行自我革命的根本意义所在”[②]。新征程上，必须坚定不移推进全面从严治党，不断推进党的自我革命，不断增强党的创造力、凝聚力、战斗力，进一步增强党的“四自能力”，永葆党的先进性、纯洁性，确保党不变质、不变色、不变味，坚持开新局于伟大的社会革命、强体魄于伟大的自我革命，在自我革命中把党锻造得更加坚强有力。

① 《习近平关于“不忘初心、牢记使命”论述摘编》，党建读物出版社、中央文献出版社 2019 年版，第 161 页。
② 《习近平关于“不忘初心、牢记使命”论述摘编》，党建读物出版社、中央文献出版社 2019 年版，第 172 页。

一、改革开放和社会主义现代化建设是一场伟大社会革命

2018 年 12 月 18 日，习近平总书记在庆祝改革开放 40 周年大会上的讲话中指出，“改革开放四十年的实践启示我们：打铁必须自身硬。办好中国的事情，关键在党，关键在坚持党要管党、全面从严治党。我们党只有在领导改革开放和社会主义现代化建设伟大社会革命的同时，坚定不移推进党的伟大自我革命，敢于清除一切侵蚀党的健康肌体的病毒，使党不断自我净化、自我完善、自我革新、自我提高，不断增强党的政治领导力、思想引领力、群众组织力、社会号召力，才能确保党始终保持同人民群众的血肉联系”[①]。

“改革开放是决定当代中国命运的关键一招，也是决定实现‘两个一百年’奋斗目标、实现中华民族伟大复兴的关键一招”[②]。改革开放是我们党的一次伟大觉醒，正是这次伟大觉醒孕育了我们党从理论到实践的伟大创造。改革开放是中国人民和中华民族发展史上的一次伟大革命，正是这个伟大革命推动了中国特色社会主义事业的伟大飞跃。

1978 年 12 月，在党和国家面临何去何从的重大历史关头，我们党召开了十一届三中全会，作出把党和国家工作中心转移到经济建设

① 习近平：《论坚持全面深化改革》，中央文献出版社 2018 年版，第 520—521 页。
② 《习近平关于协调推进“四个全面”战略布局论述摘编》，中央文献出版社 2015 年版，第 52 页。

上来、实行改革开放的历史性决策。中国共产党带领中国人民以一往无前的进取精神和波澜壮阔的创新实践，不断战胜前进道路上各种世所罕见的艰难险阻，推动中国经济实力、综合国力、人民生活水平不断跨上新台阶。党和人民的事业在不断深化改革中波浪式向前推进。

改革开放以来我们取得一切成绩和进步的根本原因，归结起来就是：开辟了中国特色社会主义道路，形成了中国特色社会主义理论体系，确立了中国特色社会主义制度，发展了中国特色社会主义文化。中国特色社会主义道路是建立在深厚历史经验的基础上，既不同于苏联的社会主义模式，也不同于计划经济的老路，而是我们党探索的一条独属于自己的、符合中国国情的道路。这在当时无疑打破了关于社会主义有一成不变的固定模式的观念。我国的改革不是对我国各项制度的局部修补，而是要对我国的发展模式进行全方位的、根本性的变革，其广泛性涵盖了社会主义建设的方方面面，其深刻性会对人们的思想观念、我国社会运行产生根本性的影响，最终还会触及国家治理体系和治理能力的问题。正是在改革中，我们党开辟了中国特色社会主义，在方方面面形成了完备的制度。

党的十八大以来，我们党还确立了实现国家治理体系和治理能力现代化的改革目标，中国特色社会主义道路越走越宽广。改革开放40多年来，中国之所以没有发生大的错误，根本原因在于旗帜是正确的、道路是正确的。举什么旗、走什么路，历来是根本性的大问题。习近平总书记多次强调中国决不能出现根本性、方向性错误，就是从举旗定向的角度讲的。当前，我们所高举的中国特色社会主义伟大旗帜来之不易，被实践反复检验是成功的。实践证明，这面旗帜是我们过去取得成就的根本，也是我们今后应该继续高举的旗帜。在这个问题上，决不能犹疑不决、决不能混淆视听、决不能为各种干扰所惑。相比较苏联解体、东欧剧变，中国不仅成功走出了一条适合中国国情的道路，而且深刻影响了世界！

改革开放是前无古人的全新的事业，必须坚持正确的方法论，在实践探索中不断摸索规律、深化认识、稳步推进。特别是随着改革开放的深入推进，各项改革的关联性和互动性日益增强，这就要求我们要更加注重各项改革的相互促进和良性互动。2020 年 10 月，在广东考察期间，习近平总书记明确指出："新时代改革开放的内涵、条件、要求同过去相比有很大不同。"[①] 这些不同突出表现在习近平总书记关于改革开放方法论的重要论述上。习近平总书记强调："摸着石头过河和加强顶层设计是辩证统一的，推进局部的阶段性改革开放要在加强顶层设计的前提下进行，加强顶层设计要在推进局部的阶段性改革开放的基础上来谋划。"[②] 在庆祝改革开放 40 周年大会上，习近平总书记指出："我们坚持加强党的领导和尊重人民首创精神相结合，坚持'摸着石头过河'和顶层设计相结合，坚持问题导向和目标导向相统一，坚持试点先行和全面推进相促进，既鼓励大胆试、大胆闯，又坚持实事求是、善作善成，确保了改革开放行稳致远。"[③] 在深圳经济特区建立 40 周年庆祝大会上，习近平总书记再次强调："必须以更大的政治勇气和智慧，坚持摸着石头过河和加强顶层设计相结合，不失时机、蹄疾步稳深化重要领域和关键环节改革，更加注重改革的系统

① 习近平：《以更大魄力在更高起点上推进改革开放 在全面建设社会主义现代化国家新征程中走在全国前列创造新的辉煌》，《人民日报》2020 年 10 月 16 日。
② 《习近平关于全面深化改革论述摘编》，中央文献出版社 2014 年版，第 35 页。
③ 《习近平谈治国理政》第 3 卷，外文出版社 2020 年版，第 188—189 页。

性、整体性、协同性，提高改革综合效能。”[①]

摸着石头过河，是富有中国特色、符合中国国情的改革方法，是马克思主义认识论和实践论在改革开放探索中的具体运用。改革开放初期，由于没有经验可参考，深圳等特区在敢闯敢试、敢为人先精神的激励下，尊重人民群众首创精神，以“摸着石头过河”的改革方法搞试点、摸规律，取得经验后再推广开来，为改革开放添增了新的活力动力。党的十八大以后，习近平总书记指出：“对看得还不那么准、又必须取得突破的改革，可以先进行试点，摸着石头过河，尊重实践、尊重创造，鼓励大胆探索、勇于开拓，在实践中开创新路，取得经验后再推开。”[②]随后，在主持十八届中央政治局第二次集体学习时，习近平总书记再次强调：“摸着石头过河，符合人们对客观规律的认识过程，符合事物从量变到质变的辩证法。不能说改革开放初期要摸着石头过河，现在再摸着石头过河就不能提了。”[③]当然，摸着石头过河也是有规则的，我国是个大国，决不能在根本性问题上出现颠覆性失误，要按照已经认识到的规律来办，在实践中再加深对规律的认识，“而不是脚踩西瓜皮，滑到哪里算哪里”[④]。

改革开放是一场伟大且深刻的社会革命，仅靠摸着石头过河是难以支撑伟大社会变革稳步、扎实、有序推进并取得卓著成效的。改革开放以来，我国之所以能够取得举世瞩目的伟大成就，之所以能够取得经济快速发展、社会长期稳定的“两大成就”，归根结底

① 习近平：《在深圳经济特区建立 40 周年庆祝大会上的讲话》，人民出版社 2020 年版，第 8 页。
② 《习近平关于全面深化改革论述摘编》，中央文献出版社 2014 年版，第 33 页。
③ 《习近平关于全面深化改革论述摘编》，中央文献出版社 2014 年版，第 34 —35 页。
④ 《习近平关于全面深化改革论述摘编》，中央文献出版社 2014 年版，第 43 页。

在于有中国共产党的坚强领导，在于有中国共产党对改革开放事业的顶层设计、战略谋划与真抓实干。特别是党的十八大以来，在以习近平同志为核心的党中央坚强领导下，党和国家事业取得历史性成就、发生历史性变革，充分彰显了加强顶层设计、整体规划、宏观思考的极端重要性。2012 年 12 月，习近平总书记在广东考察工作时指出："改革推进到现在，必须在深入调查研究的基础上提出全面深化改革的顶层设计和总体规划，提出改革的战略目标、战略重点、优先顺序、主攻方向、工作机制、推进方式，提出改革总体方案、路线图、时间表。"①2013 年 9 月，在中共中央召开的党外人士座谈会上，习近平总书记强调："全面深化改革是一项复杂的系统工程，需要加强顶层设计和整体谋划，加强各项改革关联性、系统性、可行性研究。"② 可见，不谋全局者，不足谋一域。推进新时代改革开放，必须坚持马克思主义唯物辩证法，必须正确处理好摸着石头过河和顶层设计、全局和局部、胆子要大和步子要稳、整体推进和重点突破等辩证关系，"着力提高操作能力和执行力，确保中央决策部署及时准确落实到位"③。

党的十八大以来，习近平总书记围绕新时代改革开放的内涵、条件、要求等发表了系列重要讲话，作出了系列重要指示批示，推动新时代改革开放走得更稳更远。2018 年 10 月，习近平总书记在广东考察时强调："以改革开放的眼光看待改革开放，充分认识新形势下改革开放的时代性、体系性、全局性问题，在更高起点、更高层次、更

① 《习近平关于全面深化改革论述摘编》，中央文献出版社 2014 年版，第 32 页。
② 《习近平关于全面深化改革论述摘编》，中央文献出版社 2014 年版，第 38 页。
③ 《习近平关于全面深化改革论述摘编》，中央文献出版社 2014 年版，第 47 页。

高目标上推进改革开放。”[①]同年12月18日，习近平总书记在庆祝改革开放40周年大会上发表讲话指出：“我们既要敢为天下先、敢闯敢试，又要积极稳妥、蹄疾步稳，把改革发展稳定统一起来，坚持方向不变、道路不偏、力度不减，推动新时代改革开放走得更稳、走得更远。”[②]2019年5月21日，习近平总书记在推动中部地区崛起工作座谈会上明确强调，“领导干部要胸怀两个大局，一个是中华民族伟大复兴的战略全局，一个是世界百年未有之大变局”，这是我们谋划工作的基本出发点。同时，习近平总书记强调“最重要的还是做好我们自己的事情”[③]。《中共中央关于制定国民经济和社会发展第十四个五年规划和二〇三五年远景目标的建议》指出：“当前和今后一个时期，我国发展仍然处于重要战略机遇期，但机遇和挑战都有新的发展变化。”规划建议把“坚持深化改革开放”“改革开放迈出新步伐”依次作为“十四五”时期我国经济社会发展必须遵循的原则和主要目标之一，在“十四五”时期经济社会发展指导思想中提出“以改革创新为根本动力”，在重点任务中提出全面深化改革、实行高水平对外开放，等等。这些重要论述和重要指示批示精神，使新时代改革开放的内涵、条件、要求更加明晰和具体。

在党的二十大报告中，习近平总书记明确强调：“我们必须坚持解放思想、实事求是、与时俱进、求真务实，一切从实际出发，着眼解决新时代改革开放和社会主义现代化建设的实际问题，不断回答中国之问、世界之问、人民之问、时代之问，作出符合中国实际和时代

① 习近平：《高举新时代改革开放旗帜 把改革开放不断推向深入》，《人民日报》2018年10月26日。
② 《习近平谈治国理政》第3卷，外文出版社2020年版，第189页。
③ 《习近平谈治国理政》第3卷，外文出版社2020年版，第77页。

要求的正确回答，得出符合客观规律的科学认识，形成与时俱进的理论成果，更好指导中国实践。”[①]

习近平总书记强调：“推进改革的目的是要不断推进我国社会主义制度自我完善和发展，赋予社会主义新的生机活力。这里面最核心的是坚持和改善党的领导、坚持和完善中国特色社会主义制度，偏离了这一条，那就南辕北辙了。”[②] 新征程上，我们要以伟大自我革命引领伟大社会革命，就必须加强党对全面深化改革的领导，充分发挥党总揽全局、协调各方的领导核心作用，进一步把准政治方向、政治立场、政治定位、政治大局，坚持中国特色社会主义道路不动摇，坚持社会主义基本制度不动摇，坚持党的领导不动摇，确保改革开放始终沿着正确道路前进。这是艰巨复杂的改革工作得以顺利推进的根本保证，是改革开放和社会主义现代化建设取得成功的根本保证。

二、全面建设社会主义现代化国家是一场伟大社会革命

2021 年 2 月 20 日，在党史学习教育动员大会上的讲话中，习近平总书记指出：“当前，同向社会主义现代化强国进军的伟大社会革命相比，党的自身建设上还存在一些不匹配、不适应的地方，一些弱化党的先进性、损害党的纯洁性的问题具有很大的危险性和破坏性，特

① 习近平：《高举中国特色社会主义伟大旗帜 为全面建设社会主义现代化国家而团结奋斗——在中国共产党第二十次全国代表大会上的报告》，人民出版社 2022 年版，第 17—18 页。

② 《习近平关于全面深化改革论述摘编》，中央文献出版社 2014 年版，第 18 页。

别是党风廉政上的一些问题具有反复性和顽固性，稍不注意就会反弹回潮、前功尽弃。在全党开展党史学习教育，就是要教育引导全党在开启新征程的关键时刻，继续发扬彻底的革命精神，坚持全面从严治党永远在路上，保持‘赶考’的清醒，以新时代党的自我革命引领新的伟大社会革命。”①

1921年，在中国人民和中华民族的伟大觉醒中，在马克思列宁主义同中国工人运动的紧密结合中，中国共产党应运而生。中国共产党自成立以来，就天然地承担起了实现民族独立、人民解放的历史重任。经过大革命、土地革命战争、抗日战争、解放战争，我们党团结带领中国人民进行28年浴血奋战，打败日本帝国主义侵略者，推翻国民党反动统治，完成新民主主义革命，建立了中华人民共和国。中华人民共和国的成立，彻底结束了旧中国半殖民地半封建社会的历史，彻底结束了旧中国一盘散沙的局面，彻底废除了列强强加给中国的不平等条约和帝国主义在中国的一切特权，为实现中华民族伟大复兴创造了根本社会条件。中华民族的发展进步，从此开启了新的历史纪元。特别是在1945年，毛泽东在党的七大政治报告中明确指出：“中国工人阶级的任务，不但是为着建立新民主主义的国家而斗争，而且是为着中国的工业化和农业近代化而斗争。”②在党的七届二中全会上，毛泽东进一步提出由落后的农业国变成先进的工业国的奋斗目标。

中华人民共和国成立不久，我们党就把促进“农业和交通运输业的现代化”“建立巩固的现代化国防”写入党在过渡时期的总路线。1954年，周恩来在第一届全国人民代表大会一次会议的政府报告中首

① 习近平：《在党史学习教育动员大会上的讲话》，人民出版社2021年版，第10—11页。
② 《毛泽东选集》第3卷，人民出版社1991年版，第1081页。

次提出包括建设起强大的现代化的工业、现代化的农业、现代化的交通运输业和现代化的国防在内的“四个现代化”构想。1956 年，党的八大将这一任务写入了大会通过的党章。1964 年，周恩来在第三届全国人民代表大会上，提出“争取在不太长的历史时期内，把我国建设成为一个具有现代农业、现代工业、现代国防和现代科学技术的社会主义强国”[①]。1975 年，虽然是在“文化大革命”年代，周恩来依然在第四届全国人民代表大会上重申了分两步走、全面实现“四个现代化”的战略安排。

1978 年，党的十一届三中全会决定把党和国家工作中心转移到经济建设上来，实行改革开放、建设社会主义现代化，实现了我们党伟大的历史性转折。邓小平强调：“我们从八十年代的第一年开始，就必须一天也不耽误，专心致志地、聚精会神地搞四个现代化建设。”[②]强调“我们党在现阶段的政治路线，概括地说，就是一心一意地搞四个现代化。这件事情，任何时候都不要受干扰，必须坚定不移地、一心一意地干下去”[③]。从那以后，我们党在每次全国代表大会上，都从不同角度和不同侧重点聚焦中国特色社会主义，强调社会主义现代化建设问题。党的十二大强调“全面开创社会主义现代化建设新局面”。党的十三大把“建设社会主义现代化国家”纳入党在社会主义初级阶段的基本路线。党的十四大明确提出“加快改革开放和现代化建设步伐”，并确立了社会主义市场经济体制的改革目标。党的十五大强调“改革开放为现代化建设创造了良好的体制条件”。党的十六大强

① 《周恩来年谱（1949 —1976）》（中），中央文献出版社 1997 年版，第 696 页。
② 《邓小平文选》第 2 卷，人民出版社 1994 年版，第 241 页。
③ 《邓小平文选》第 2 卷，人民出版社 1994 年版，第 276 页。

调“我国进入全面建设小康社会、加快推进社会主义现代化的新的发展阶段……实现推进现代化建设、完成祖国统一、维护世界和平与促进共同发展这三大历史任务，在中国特色社会主义道路上实现中华民族的伟大复兴。这是历史和时代赋予我们党的庄严使命”。党的十七大强调“继续全面建设小康社会、加快推进社会主义现代化，完成时代赋予的崇高使命”。党的十八大强调“建设中国特色社会主义……总任务是实现社会主义现代化和中华民族伟大复兴”。党的十九大强调“高举中国特色社会主义伟大旗帜，锐意进取，埋头苦干，为实现推进现代化建设……实现人民对美好生活的向往继续奋斗”。党的二十大强调“为全面建设社会主义现代化国家、全面推进中华民族伟大复兴而团结奋斗”。由此可见，改革开放以来党的历次全国代表大会都强调社会主义现代化建设，一以贯之地推进建设社会主义现代化国家的历史进程。

党的十八大以来，党和国家事业发生历史性变革、取得历史性成就，中国特色社会主义进入新时代。党的十九大提出，在从党的十九大到党的二十大这“两个一百年”奋斗目标的历史交汇期，我们既要全面建成小康社会、实现第一个百年奋斗目标，又要乘势而上开启全面建设社会主义现代化国家新征程，向第二个百年奋斗目标进军。这个战略安排，吹响了新时代全面建设社会主义现代化国家、实现中华民族伟大复兴新的进军号。党的二十大进一步谋划全面建设社会主义现代化国家的一系列重大部署，强调指出：“从现在起，中国共产党的中心任务就是团结带领全国各族人民全面建成社会主义现代化强国、实现第二个百年奋斗目标，以中国式现代化全面推进中华民族伟大复兴。”[①]

全面建设社会主义现代化国家，是一项伟大而艰巨的事业，前途光明，任重道远。当前，世界百年未有之大变局加速演进，新一轮科技革命和产业变革深入发展，国际力量对比深刻调整，我国发展面临新的战略机遇。同时，世纪疫情影响深远，逆全球化思潮抬头，单边主义、保护主义明显上升，世界经济复苏乏力，局部冲突和动荡频发，全球性问题加剧，世界进入新的动荡变革期。我国改革发展稳定面临不少深层次矛盾躲不开、绕不过，党的建设特别是党风廉政建设和反腐败斗争面临不少顽固性、多发性问题，来自外部的打压遏制随时可能升级。我国发展进入战略机遇和风险挑战并存、不确定难预料因素增多的时期，各种“黑天鹅”“灰犀牛”事件随时可能发生。我们必须增强忧患意识，坚持底线思维，做到居安思危、未雨绸缪，准备经受风高浪急甚至惊涛骇浪的重大考验。

党的二十大报告明确强调在全面建设社会主义现代化国家新征程上，必须牢牢把握五个重大原则：坚持和加强党的全面领导，也就是坚决维护党中央权威和集中统一领导，把党的领导落实到党和国家事业各领域各方面各环节，使党始终成为风雨来袭时全体人民最可靠的主心骨，确保我国社会主义现代化建设正确方向，确保拥有团结奋斗的强大政治凝聚力、发展自信心，集聚起万众一心、共克时艰的磅礴力量。坚持中国特色社会主义道路，也就是坚持以经济建设为中心，坚持四项基本原则，坚持改革开放，坚持独立自主、自力更生，坚持道不变、志不改，既不走封闭僵化的老路，也不走改旗易帜的邪路，

① 习近平：《高举中国特色社会主义伟大旗帜 为全面建设社会主义现代化国家而团结奋斗——在中国共产党第二十次全国代表大会上的报告》，人民出版社 2022 年版，第 21 页。

坚持把国家和民族发展放在自己力量的基点上，坚持把中国发展进步的命运牢牢掌握在自己手中。坚持以人民为中心的发展思想，也就是维护人民根本利益，增进民生福祉，不断实现发展为了人民、发展依靠人民、发展成果由人民共享，让现代化建设成果更多更公平惠及全体人民。坚持深化改革开放，也就是深入推进改革创新，坚定不移扩大开放，着力破解深层次体制机制障碍，不断彰显中国特色社会主义制度优势，不断增强社会主义现代化建设的动力和活力，把我国制度优势更好转化为国家治理效能。坚持发扬斗争精神，也就是增强全党全国各族人民的志气、骨气、底气，不信邪、不怕鬼、不怕压，知难而进、迎难而上，统筹发展和安全，全力战胜前进道路上各种困难和挑战，依靠顽强斗争打开事业发展新天地。

“来而不可失者，时也；蹈而不可失者，机也。”在迈上全面建设社会主义现代化国家新征程、向第二个百年奋斗目标进军的关键时刻，中华民族迎来了千载难逢的发展机遇。习近平总书记指出，当前我国正处于一个大有可为的历史机遇期。这是习近平总书记纵观过去、当下与未来的历史演进，通览国家、政党、民族的沉浮兴衰，作出的重大战略判断，彰显着当代中国共产党人洞察历史的睿智、创造历史的担当。新征程上，我们要以伟大自我革命引领伟大社会革命，就必须紧紧抓住大有可为的历史机遇期，勇于继续进行具有许多新的历史特点的伟大斗争，准备战胜一切艰难险阻，朝着我们党确立的伟大目标奋勇前进。

三、新时代坚持和发展中国特色社会主义是一场伟大社会革命

2018 年 12 月，在中共十九届中央政治局民主生活会上的讲话中，习近平总书记指出："新时代坚持和发展中国特色社会主义是一场伟大社会革命，要求我们必须时刻进行具有许多新的历史特点的伟大斗争，必须让我们的干部特别是领导干部经风雨、见世面、长才干、壮筋骨，保持斗争精神、增强斗争本领。要培养斗争精神，始终保持共产党人敢于斗争的风骨、气节、操守、胆魄。要增强斗争本领，科学预见形势发展的未来走势、蕴藏其中的机遇和挑战、有利因素和不利因素，透过现象看本质，抓好战略谋划，牢牢掌握斗争主动权。要有组织、有计划地把干部放到重大斗争一线去真枪真刀磨砺，强弱项、补短板，学真本领，练真功夫。"①

2021 年 11 月 11 日，在中共十九届六中全会第二次全体会议上的讲话中，习近平总书记强调："历史发展是连续性和阶段性的统一，一个时期有一个时期的历史使命和任务，一代人有一代人的历史担当和责任。党的十八大以来，我们清醒认识到，新时代坚持和发展中国特色社会主义是一场艰巨而伟大的社会革命，各种敌对势力绝不会让我们顺顺利利实现中华民族伟大复兴。"② 因此，必须进行具有许多新的历史特点的伟大斗争，必须准备付出更为艰巨、更为艰苦的努力，必须高度重视和切实防范化解各种重大风险。

---

① 《习近平关于防范风险挑战、应对突发事件论述摘编》，中央文献出版社 2020 年版，第 216 页。
② 《习近平谈治国理政》第 4 卷，外文出版社 2022 年版，第 82 页。

建设中国特色社会主义，是我们党总结长期历史经验所得出的基本结论。2018 年 1 月 5 日，习近平总书记在新进中央委员会的委员、候补委员和省部级主要领导干部学习贯彻习近平新时代中国特色社会主义思想和党的十九大精神研讨班上的讲话中指出："中国特色社会主义不是从天上掉下来的，而是在改革开放 40 年的伟大实践中得来的，是在中华人民共和国成立近 70 年的持续探索中得来的，是在我们党领导人民进行伟大社会革命 97 年的实践中得来的，是在近代以来中华民族由衰到盛 170 多年的历史进程中得来的，是对中华文明 5000 多年的传承发展中得来的，是党和人民历经千辛万苦、付出各种代价取得的宝贵成果。得到这个成果极不容易。"①

马克思、恩格斯在《共产党宣言》中揭示了资产阶级必然灭亡、无产阶级必然胜利的"两个必然"的客观规律，这也是资本主义社会必然为社会主义社会所代替的必然的人类社会发展客观规律。但是，这是一个较为漫长的历史进程，实现共产主义的必然性与社会主义的长期性、曲折性，都是客观存在的。这是因为，1917 年十月革命以来所诞生的社会主义国家基本上是在经济文化比较落后的情况下建立起来的，而要彻底改变经济文化落后的状况，需要一个长期的发展过程，在前进过程中也将会遇到许多难以想象的困难与风险。社会主义是一种崭新的社会制度，没有现成的经验可以借鉴，也没有一成不变的模式可以遵循，对于社会主义的理论创新和实践探索，是一个反复实践和反复认识的过程，社会主义的巩固和发展，需要几代人、十几代人甚至几十代人的不懈努力。与此同时，从人类社会发展历史进程

① 习近平：《坚持和发展中国特色社会主义要一以贯之》，《求是》2022 年第 18 期。

来看，任何一种新的社会制度代替旧的社会制度，都需要一个艰难曲折的过程，才能最终取得胜利，有时甚至会出现倒退和逆转。

以毛泽东同志为主要代表的中国共产党人对社会主义建设的道路进行了艰辛探索。然而，由于缺乏社会主义建设的经验，由于受苏联高度集中统一的计划经济模式的影响，由于受尽快摆脱我国贫穷落后面貌的急迫心情的驱使，加之我国当时的相关制度不健全、不完备，所以在社会主义建设道路的探索过程中出现了曲折。

党的十一届三中全会以后，我们党认真总结和反思了社会主义建设的正反两方面经验，以解放思想、实事求是的精神，紧紧围绕什么是社会主义、怎样建设社会主义这个根本问题，大胆实践，积极探索，把马克思主义基本原理同中国具体实际结合起来，第一次比较系统地初步回答了在中国这样的经济文化比较落后的国家如何建设社会主义、巩固社会主义和发展社会主义的一系列问题，开辟了中国特色社会主义建设的崭新道路。中国特色社会主义道路，使社会主义在中国焕发出了蓬勃生机和旺盛活力。

建设中国特色社会主义，把我国建设成为富强民主文明和谐美丽的社会主义现代化强国，是我们党在现阶段的奋斗目标，也是全国各族人民在社会主义初级阶段的共同理想。这个共同理想，立足于我国的现实，高于我国的现实，符合社会主义发展的客观规律，是科学的社会理想。共产主义理想是共产党人的前进动力和精神支柱。邓小平指出："我们多年奋斗就是为了共产主义，我们的信念理想就是要搞共产主义。在我们最困难的时期，共产主义的理想是我们的精神支柱，多少人牺牲就是为了实现这个理想。”[①]共产主义理想的实现又是一个长期的革命和建设过程，要经历若干不同的发展阶段。在新民主主义革命时期，毛泽东就讲过：“民主主义革命是社会主义革命的必要准备，社会主义革命是民主主义革命的必然趋势。而一切共产主义者的最后目的，则是在于力争社会主义社会和共产主义社会的最后的完成。”[②]

在现阶段，建设中国特色社会主义，是全党全国各族人民的共同理想，这个共同理想就是实现最高理想的必经阶段，为建设中国特色社会主义而奋斗，也就是为共产主义的最高理想而奋斗。我们现在的一切努力是朝着最终实现共产主义的最高纲领前进的。忘记远大目标，不是合格的共产党员；不为实现党在社会主义初级阶段的纲领而努力奋斗，同样不是合格的共产党员。如果放弃现实的奋斗目标，就会把“实现共产主义”变成一句空话；而如果忘记了共产主义远大理想，现实的奋斗目标就会失去正确方向。邓小平指出：“社会主义本身是共产主义的初级阶段，而我们中国又处在社会主义的初级阶段，就是不发达的阶段。”[③]所谓社会主义初级阶段，实质上就是共产主义初级阶段中的初级阶段。社会主义初级阶段虽然与共产主义高级阶段存在着差别，但这种差别是属于同一社会形态发展程度高低的差别。我们立足现实努力奋斗，创造条件，最终是为了发展到共产主义的高级阶段。

1992 年，邓小平在南方谈话中指出：“封建社会代替奴隶社会，

---

① 《邓小平文选》第 3 卷，人民出版社 1993 年版，第 137 页。
② 《毛泽东选集》第 2 卷，人民出版社 1991 年版，第 651—652 页。
③ 《邓小平文选》第 3 卷，人民出版社 1993 年版，第 252 页。

资本主义代替封建主义，社会主义经历一个长过程发展后必然代替资本主义。这是社会历史发展不可逆转的总趋势，但道路是曲折的。”[①]就资本主义制度代替封建主义制度来说，如果从资本主义在欧洲的最初萌芽算起，到资产阶级的经济政治制度确立为止，前后经历了四五百年的漫长岁月，其间发生过许多惊心动魄的拼死斗争，交织着进步和反动、共和和帝制、革命恐怖和反革命恐怖、内战和外战、征服外国和投降外国的历史事变，呈现出了极其曲折复杂的现象。资本主义社会制度代替封建主义社会制度，是以一种私有制代替另一种私有制，一种剥削制度代替另一种剥削制度，尚且充满着曲折和反复。社会主义制度代替资本主义制度是以公有制代替私有制，最终消灭剥削制度，是人类历史上从未有过的最深刻的社会变革，所需要的时间必然会更长，出现挫折也就在所难免。为此，邓小平指出：“从一定意义上说，某种暂时复辟也是难以完全避免的规律性现象。一些国家出现严重曲折，社会主义好像被削弱了，但人民经受锻炼，从中吸收教训，将促使社会主义向着更加健康的方向发展。”[②]苏联解体和东欧剧变，是社会主义在前进过程中出现的重大曲折和逆转。我们既要正视这种曲折和反复，认真总结历史经验，又要看到这种倒退和逆转的暂时性，坚信社会主义必然代替资本主义，共产主义一定会实现。我们在经济文化比较落后的国家建设社会主义，要在同发达的资本主义国家的竞争中体现出社会主义的优越性，要获得与资本主义相比较的优势，要赶上和超过发达的资本主义国家，需要一个艰苦卓绝的奋斗过程。我们只有将社会主义的必然性和长期性、曲折性结合起来，才

---

① 《邓小平文选》第 3 卷，人民出版社 1993 年版，第 382 —383 页。
② 《邓小平文选》第 3 卷，人民出版社 1993 年版，第 383 页。

能使认识符合历史辩证法；才能有足够的精神准备战胜一切压力和困难，不论遇到什么样的挫折和反复，都不会动摇社会主义、共产主义必胜的信念。

党的十八大以来，面对世界经济复苏乏力、局部冲突和动荡频发、全球性问题加剧的外部环境，面对我国经济发展进入新常态等一系列深刻变化，我们党以巨大的政治勇气和强烈的责任担当，提出一系列新理念新思想新战略，出台一系列重大方针政策，推出一系列重大举措，推进一系列重大工作，解决了许多长期想解决而没有解决的难题，办成了许多过去想办而没有办成的大事，推动党和国家事业发生历史性变革。党的十九大提出了进一步坚持和发展中国特色社会主义的战略部署。特别是在党的十九大报告中，习近平总书记指出："经过长期努力，中国特色社会主义进入了新时代，这是我国发展新的历史方位。"可以说，中国特色社会主义，承载着几代中国共产党人的理想和探索，寄托着无数仁人志士的夙愿和期盼，凝聚着亿万人民的奋斗和牺牲，是近代以来中国社会发展的必然选择，是发展中国、稳定中国的必由之路。实践充分证明，中国特色社会主义是中国共产党和中国人民团结的旗帜、奋进的旗帜、胜利的旗帜。我们要始终高举中国特色社会主义伟大旗帜，在新时代坚定不移坚持和发展中国特色社会主义。

社会主义从来都是在奋勇开拓中前进的，社会革命从来都是在伟大斗争中推进的。习近平总书记强调："新时代中国特色社会主义是我们党领导人民进行伟大社会革命的成果，也是我们党领导人民进行伟大社会革命的继续，必须一以贯之进行下去。”[①] 历史和现实都告诉我们，一场社会革命要取得最终胜利，往往需要一个漫长的历史过程。只有回看走过的路、比较别人的路、远眺前行的路，弄清楚我们从哪儿来、往哪儿去，很多问题才能看得深、把得准。新征程上，我们要以伟大自我革命引领伟大社会革命，就必须永远保持过去革命战争时期的那么一股劲、那么一股革命热情、那么一种拼命精神，紧跟时代步伐，决不能因为胜利而骄傲，决不能因为成就而懈怠，决不能因为困难而退缩，勇于改革创新，勇于迎难而上，勇于担当尽责，勇于自我革命，敢于斗争、善于斗争，把新时代中国特色社会主义一以贯之进行下去。

四、开新局于伟大的社会革命，强体魄于伟大的自我革命

2018 年 2 月 14 日，习近平总书记在 2018 年春节团拜会上的讲话中指出：“今天，我们要不忘初心、牢记使命，继续以逢山开路、遇水架桥的开拓精神，开新局于伟大的社会革命，强体魄于伟大的自我革命，在我们广袤的国土上继续书写十三亿多中国人民伟大奋斗的历史新篇章！”[②]

自我革命，就是党能够正视自身存在的问题，敢于刀刃向内，勇于解决自身问题，这是我们党区别于其他政党的显著标志。历史和现

① 《十九大以来重要文献选编》（中），中央文献出版社 2021 年版，第 652 页。
② 《习近平关于“不忘初心、牢记使命”论述摘编》，党建读物出版社、中央文献出版社 2019 年版，第 242—243 页。

实证明，按照马克思列宁主义建立起来的中国共产党从来都不是一个故步自封、以追求自身利益为目标的政党，从来不代表任何利益集团、任何权势团体、任何特权阶层的利益。习近平总书记多次强调："我们党没有任何自己特殊的利益，这是我们党敢于自我革命的勇气之源、底气所在。"①

正如前面所论述，我们党重视自我革命是因为马克思主义政党自诞生的那一刻起就将解放全人类作为自己的历史使命，最终要实现人的自由而全面的发展，为此，就要推动伟大的社会革命。中国共产党作为马克思主义政党自然也不例外，自诞生的那一刻起就具有变革社会的崇高历史使命感，这样的历史使命感使我们党具有发动和推进伟大社会革命的强烈愿望和强大动力。而自我革命，则是党不断获得推进伟大社会革命的引领者资格的自身进化机制。也就是说，自我革命是社会革命的前提，社会革命是自我革命的目的，两者是统一的关系，不能割裂。这就要求作为社会革命的主体的执政党具有高度的先进性和纯洁性，不断强化自身引领社会革命的资格，不断培育自身引领社会革命的能力。

中国共产党百年奋斗史，就是我们党勇于自我革命的历史。八七会议、古田会议、遵义会议、延安整风等，都是我们党发扬彻底的自我革命精神的范例。新中国成立初期的整风整党运动、改革开放以后的全面整党以及一系列集中性教育活动等，都是我们党管党治党、勇于进行自我革命的伟大实践，充分彰显了我们党的伟大自我革命精神。

① 《习近平谈治国理政》第 4 卷，外文出版社 2022 年版，第 542 页。

全面从严治党是新时代党的自我革命的伟大实践。党的十八大以来，为保持党性质不变、宗旨不变，确保党长盛不衰、发展壮大，以习近平同志为核心的党中央，带领全国人民勇于探索、勇于实践，在国内外形势正在发生深刻复杂变化的情况下，坚定不移推进全面从严治党，打出了一套新时代自我革命的“组合拳”，形成了一整套科学严密的制度规范体系，党的“四自能力”显著增强。实践证明，勇于自我革命这一独有的政治品格和政治优势，使我们党成为打不倒、压不垮的马克思主义政党。敢于刀刃向内、自剜腐肉，时刻保持自我审视、反躬自省和高度清醒的自我革命精神，是将全面从严治党向纵深推进的内在驱动力。我们党勇于自我革命的伟大实践，使党内的歪风邪气得以刹住、顽瘴痼疾得以解决、严重隐患得以清除，为全面从严治党取得历史性开创性成就、产生全方位深层次影响提供了强大内生力量，给出了新时代跳出历史周期率的正确答案。

越是长期执政，越不能丢掉马克思主义政党的本色。勇于自我革命，关键在于保持正视问题的自觉，确保党不变质、不变色、不变味。党员、干部特别是领导干部必须做到坚定马克思主义信仰、社会主义和共产主义信念不动摇；必须始终坚持人民至上；必须永远做人民公仆，坚持全心全意为人民服务的根本宗旨。习近平总书记指出：“不忘初心、牢记使命，说到底是要解决党内存在的违背初心和使命的各种问题，关键是要有正视问题的自觉和刀刃向内的勇气。”①新的历史条件下，无论什么时候，问题总是客观存在的，我们要确保党不变质、不变色、不变味，就必须时刻保持正视问题的自觉，不讳疾忌

① 《习近平关于防范风险挑战、应对突发事件论述摘编》，中央文献出版社 2020 年版，第 139 页。

医，敢于直面问题，要以“君子检身，常若有过”的态度来检视并发现自身不足，做到知耻而后勇。

党的十八大以来，全面从严治党取得了显著成效，为开启全面建设社会主义现代化国家新征程创造了良好的政治基础。但我们并不能止步于此，而是要深刻认识到长期执政条件下党所面临的有可能动摇党的根基、违背党的初心使命、影响党和人民事业发展的各种危险因素和严峻复杂形势，深刻认识到如果讳疾忌医、有病不治，小问题就会变成大问题、小管涌就会沦为大塌方的严重后果。党的十九大报告指出了党内存在的思想不纯、组织不纯、作风不纯等突出问题。习近平总书记多次强调指出了党内存在的思想不纯、政治不纯、组织不纯、作风不纯等突出问题。这就要求我们要全面查找、全面发力，一刻也不能忽视党内仍旧存在、尚未得到根本解决的思想不纯、政治不纯、组织不纯、作风不纯等突出问题，下大气力解决好“七个有之”等严重影响党的形象和威信、严重损害党群干群关系的突出问题，以及一些已经得到解决但仍存在反弹可能性的问题和新形势下不断出现的表现更为多样的新问题等。

习近平总书记在党的二十大报告中指出：“全面建设社会主义现代化国家、全面推进中华民族伟大复兴，关键在党……全党必须牢记，全面从严治党永远在路上，党的自我革命永远在路上，决不能有松劲歇脚、疲劳厌战的情绪，必须持之以恒推进全面从严治党，深入推进新时代党的建设新的伟大工程，以党的自我革命引领社会革命。”[①]

“我们党之所以伟大，不在于不犯错误，而在于从不讳疾忌医，敢于直面问题，勇于自我革命”[②]。新征程上，我们要以伟大自我革命引领伟大社会革命，就必须确保党在新时代伟大社会革命中始终成为坚强领导核心，就必须落实新时代党的建设总要求，坚持问题导向，正视党内存在的突出问题，健全全面从严治党体系，刀刃向内、真刀真枪解决好党内存在的违背初心和使命的各类问题，清除掉损害党的健康肌体的病毒，全面推进党的“四自能力”显著增强，推动全面从严治党向纵深发展，把党的伟大自我革命进行到底，使我们党始终成为中国特色社会主义事业的坚强领导核心。

新征程上，我们要开新局于伟大的社会革命，强体魄于伟大的自我革命，就必须坚持和加强党的全面领导，坚持党要管党、全面从严治党。坚持和加强党的全面领导，是对我们党成立以来加强党的建设历史经验的深刻总结，也是对党的十八大以来党的建设经验的深刻总结。只有从根本上坚持和加强党的全面领导，才能为执好政、掌好权奠定基础，才能完成新时代艰巨的历史使命，确保党始终成为坚强领导核心，在中国特色社会主义新时代，使我们党永远立于不败之地，尤其必须深刻领悟“两个确立”的决定性意义，增强“四个意识”，坚定“四个自信”，做到“两个维护”，更加自觉地维护习近平总书记党中央的核心、全党的核心地位，更加自觉地维护以习近平同志为核心的党中央权威和集中统一领导，全面贯彻习近平新

① 习近平：《高举中国特色社会主义伟大旗帜 为全面建设社会主义现代化国家而团结奋斗——在中国共产党第二十次全国代表大会上的报告》，人民出版社 2022 年版，第 63—64 页。

② 《习近平谈治国理政》第 4 卷，外文出版社 2022 年版，第 542 页。

时代中国特色社会主义思想，坚定不移在思想上政治上行动上同以习近平同志为核心的党中央保持高度一致，更加积极地奋进新征程、建功新时代。

我们党是伟大、光荣、正确的党，是善于发现错误、勇于纠正错误的党，对党自身存在的问题也从不隐瞒。我们党面临的执政环境是复杂的，党内存在着思想不纯、政治不纯、组织不纯、作风不纯等突出问题，这是党必须面对且不能逃避的问题，这些问题影响着党的先进性和纯洁性，在中国特色社会主义伟大事业的发展过程中亟待解决。因此，对党内存在的突出作风问题，绝不能消极应对，更不能逃避，必须清醒地认识和了解这些问题的成因和危害，并下大决心解决。在实践中，要真正抓好思想政治建设，坚持“革命理想高于天”，教育引导党员干部筑牢思想防线，点亮党员干部心中的明灯，保持蓬勃朝气、昂扬锐气、浩然正气。为实现党和国家兴旺发达、长治久安，为实现中华民族伟大复兴的中国梦，全党同志必须保持革命精神、革命斗志，将我们党领导人民进行了100多年的伟大社会革命继续推进下去，赢得最广大人民群众的支持拥护。

新征程上，我们要开新局于伟大的社会革命，强体魄于伟大的自我革命，就必须坚决贯彻新时代党的建设总要求和新时代党的组织路线。党的建设会随着党肩负的历史使命和自身存在的问题而有所侧重，针对新时代党存在的问题，党的十九大对党的建设提出了总要求，为新时代推进党的建设新的伟大工程指明了方向。党的二十大继续强调，我们要落实新时代党的建设总要求，健全全面从严治党体系，全面推进党的自我净化、自我完善、自我革新、自我提高，使我们党坚守初心使命，始终成为中国特色社会主义事业的坚强领导核心。新时代党的建设总要求所蕴含的目的、方针、主线、布局、目标，构成了新时代党的建设科学有机的整体。新时代党的建设总要求，是把党建问题与时代和社会历史条件联系起来考察，回答与解决继续坚持和发展好新时代中国特色社会主义事业需要建设什么样的党、怎样建设党的问题，以及如何长期管好治好党，使党始终成为坚强领导核心的重大课题，彰显出鲜明的时代特点，具有丰富的内涵，我们要牢牢把握，坚持协调推进、统筹推进、一体推进。同时，要贯彻好新时代党的组织路线，为坚持和加强党的全面领导、坚持和发展中国特色社会主义提供坚强组织保证，为推进党的建设新的伟大工程增添动力。

新征程上，我们要开新局于伟大的社会革命，强体魄于伟大的自我革命，就必须发扬自我革命精神。党从来没有也不追求个人的或小团体的利益，能够做到为了人民坚持对的，为了人民改正错的。党的二十大强调，党面临的执政考验、改革开放考验、市场经济考验、外部环境考验将长期存在，精神懈怠危险、能力不足危险、脱离群众危险、消极腐败危险将长期存在。必须清醒看到，我们的工作还存在一些不足，面临不少困难和问题，包括一些党员、干部缺乏担当精神，斗争本领不强，实干精神不足，形式主义、官僚主义现象仍较突出；铲除腐败滋生土壤任务依然艰巨；等等。因此，要发扬自我革命精神，敢于清除一切侵蚀党的健康肌体的病毒，使党不断自我净化、自我完善、自我革新、自我提高，不断增强党的政治领导力、思想引领力、群众组织力、社会号召力，才能把党建设得更加坚强有力，确保党始终成为中国特色社会主义事业的坚强领导核心。

后记

全面建设社会主义现代化国家、全面推进中华民族伟大复兴，关键在党。我们党作为世界上最大的马克思主义执政党，要始终赢得人民拥护、巩固长期执政地位，必须时刻保持解决大党独有难题的清醒和坚定。

勇于自我革命，从严管党治党，是我们党最鲜明的品格和最大政治优势。我们党作为马克思主义政党，自成立的那一天起就具备了自我革命的基因，所以，党始终能够勇于开展刀刃向内的自我革命，始终能够坚持真理、修正错误，从而永葆先进性和纯洁性。实践证明，党的十八大以来一以贯之坚持全面从严治党，实现了管党治党从“宽松软”到“严紧硬”的深刻转变，党内的突出问题得到解决，党在革命性锻造中更加坚强，焕发出新的强大生机活力，确保了党始终成为中国特色社会主义伟大事业的坚强领导核心。

新征程上，世界之变、时代之变、历史之变正以前所未有的方式展开。我国改革发展稳定面临不少深层次矛盾躲不开、绕不过，党的建设特别是党风廉政建设和反腐败斗争面临不少顽固性、多发性问题，来自外部的打压遏制随时可能升级。我国发展进入战略机遇和风险挑战并存、不确定难预料因素增多的时期，各种“黑天鹅”“灰犀牛”事件随时可能发生。我们必须增强忧患意识，坚持底线思维，做到居安思危、未雨绸缪，准备经受风高浪急甚至惊涛骇浪的重大考验。特别是，我们要以最大的“确定性”对冲百年未有之大变局和世纪疫情带来的各种“不确定性”，而这个最大的“确定性”，就是党的自我革命。这是以习近平同志为核心的党中央在全面从严治党的实践中给出的跳出治乱兴衰历史周期率的第二个答案，是我们党百年奋斗的宝贵历史经验，也是党和人民共同创造的精神财富，必须倍加珍惜、长期坚持，并在实践中不断丰富和发展。

本书由中共中央党校（国家行政学院）党的建设教研部张荣臣教授、中共广东省委党校（广东行政学院）党的建设教研部郑超华副教授合著而成。本书也是中共中央党校（国家行政学院）2022 年度专项项目“新时代中国共产党自我革命的理论和实践研究”（项目编号：2022ZXLZ010）的相应成果。需要说明的是，由于时间紧、任务重，书中难免还有疏漏。在写作过程中参考了一些文献和其他材料，在此特表示感谢。关于党的自我革命的理论和实践问题，还有许多需要进一步深化研究的空间，本书谨在此抛砖引玉，敬请有关专家、学者、读者批评指正。

张荣臣　郑超华

2023 年 4 月